ボケを遅らせ、争族を防ぐ
お金の使い方

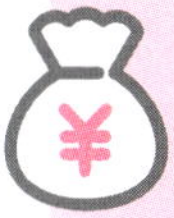

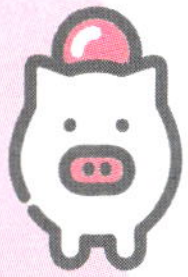

財産断捨離のすすめ

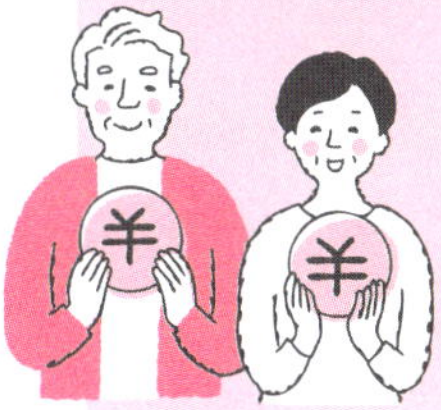

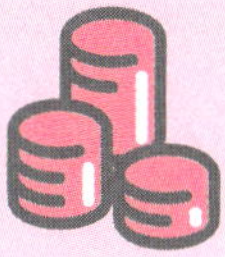

精神科医
和田秀樹

白秋社

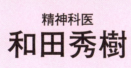

はじめに

この本のタイトルは、「財産断捨離のすすめ」です。実は私は「断捨離」という言葉が嫌いです。なぜかというと、年をとったら自分が大事にしてきたものや思い出のあるものであっても、どうせ先々必要ないのだから捨てよう、残された家族が困るから生前に整理しよう――そんな「断捨離」が多いからです。しかし、人は年をとればとるほど思い出に執着するものです。亡くなった後に家族が困るから断捨離しろということなら、亡くなった後、家族に捨てさせればいいではないですか。思い出のつまったものを自ら捨ててはいけないと私は思います。しかし、この本で私が提案する「財産」の断捨離とは、モノを断捨離することとは違います。財産断捨離とは、「自分のお金や資産を自らの手で思い出に変えましょう」ということなのです。

資金循環統計（2024年4～6月速報値／日本銀行）によると、日本の個人金融資産は2024年6月末時点で2212兆円。うち約50％の1100兆円が現金・預貯金。しかも、60歳以上の高齢者が、個人金融資産全体の6割超を保有しています。なぜ日本人は、こんなにも財産を蓄えているかというと、その目的は「老後の備え」だといわれています。寝たきりなどの要介護になった時や、ひとりで生活ができなくなった時のためにお金を貯めておこう、とっておこうというわけです。しかし、要介護状態や認知症になってしまったら、実のところそんなにお金は必要ありません。年金や、ずっと保険料を支払ってきた介護保険など社会保障でカバーできるのです。例えば特別養護老人ホームの個室に入っても、施設により違いはあるものの、だいたい月18万円です。厚生年金であればそのかなりの部分が年金で足りるのではないでしょうか。

だからこの本では、お金を残すよりも、財産を「断捨離」して楽しい思い出を作ったほうがよほど幸せな老後を送ることができるという話をしたいわけです。ヨボヨボになった時のためにお金を貯めるのではなく、ヨボヨボになる前にお金を使って自分が幸せと感じられる生活を送り、そして楽しい経験をして思い出を作る。以下で詳述しますが、お金を使って思い出を作ることは、健康寿命を延ばし、ボケの先送りにもつながるのです。

私は、精神科の医師なので、弁護士などの依頼で「精神鑑定意見書」をよく書きます。その中で多いのが相続にまつわるものです。成年後見という制度があり、家庭裁判所が認知症だと判断すると、後見人を付けられ、自分のお金を自由に使えなくなってしまいます。

家庭裁判所では、長谷川式認知症スケールという記憶を中心とした認知機能障害を調べるスクリーニング検査の結果をもとに機械的に認知症の程度を判断することが多いのです。軽度の認知症で意思能力があるにもかかわらず、この検査の点数のみを根拠に判断力のない認知症にさせられてしまう可能性もあるのです。従って、そのような検査を受けさせられる状態になる前に、自分がふさわしいと考える任意後見人を選んでおくなどの準備をする。そして、自分で自分のお金を使えるうちに、思い出作りに励んでほしいのです。

財産を残さず自分のために使ってしまえば、目下日本各地で勃発している、親の遺産をめぐって子どもたちが争う「相続」ならぬ「争族」を避けることもできます。財産断捨離は、自らの幸せだけでなく子どもたちの幸せにもつながるのです。

私は現在、高齢者が資産を保有しているにもかかわらず、企業やメディアが高齢者を有望な消費者とみなさず、ないがしろにしていることに非常に憤っています。例えば、高齢者が自動車事故を起こす。普通なら高齢者が事故を起こさないような自動運転の車を開発しようとするのが当たり前なのに、運転免許を取り上げる方向に進む。認知症にかかっていたり身体的に衰えたりしている高齢者の日常生活を助けるような生成ＡＩを使ったロボットの開発は進まない。メディアも、テレビを見ているのは高齢者なのに、若者に迎合した番組しか作らない。政治も同じです。特に、これまでの自民党・公明党の連立政権は高齢者を痛めつける政策を繰り出してきたと思います。

高齢者がお金を貯め込んでいることは、マクロで見ればこの国の経済や政治を悪くしています。これは、高齢者が悪いのではなく、高齢者がお金を使いたような商品やサービスを企業が生み出さないからです。お金を貯め込まなければならないと思わざるを得ない政策が進められているからです。今こそ、真に高齢者に目を向けたシルバー資本主義、シルバー民主主義を実現させるべく、高齢者は立ち上がろうと訴えたい。その手段の一つが「財産断捨離」でもあるのです。

この本では老後のお金のことを扱うので、相続や遺言など専門的なことについて、税理士で1級ファイナンシャル・プランナーの山本英生氏のアドバイスを得ました。「争族を避ける」「財産は、生きているうちに旅行などコトに使う」という山本氏の考えは私の主張と同じです。この場を借りてお礼を申し上げます。

2025年2月

和田秀樹

目次

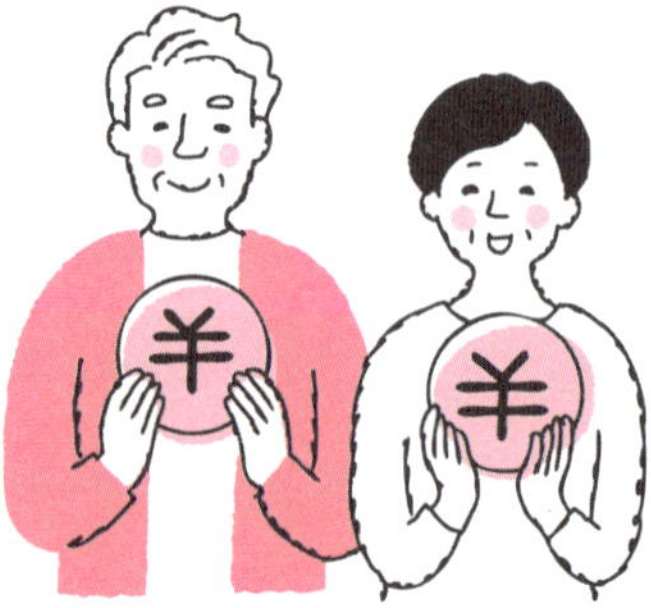

序章

お金を使わない日本の高齢者の不思議

なぜ高齢者は貯《た》め込むのか

「老後の蓄え」とよく言います。老後は働けなくなる。年金だけで生活しなければならない。健康の維持や先々の介護のためにもお金が必要になる。皆さんはそう考えて、これまでせっせと蓄えを増やし続けてきたのでしょう。しかし、皆さんは、既に備え終わった老後の真っただ中にいるのではないでしょうか。それなのに蓄えたままにして、なぜ使おうとしないのですか。

マスメディアでは、連日のように日本の少子高齢社会の問題が取り上げられます。少子化問題は「なんとかしなければ日本の未来はない」ということで前向きの議論がなされています。しかし、高齢化については日本社会の宿痾《しゅくあ》のように扱われています。「年寄りばかりで働き手が足りない」「老後資金に困る老人があふれかえる」「要介護人口が増えたら社会保障制度が破綻する」「若者は将来、年金がもらえなくなる」……。誰もが同じように高齢者になるという、あたりまえの想像力が欠如しているのではないでしょうか。

今や日本人の約3割が65歳以上の高齢者で、2025年以降は「団塊の世代」（1947～49年生まれ）が75歳の後期高齢者となり始めます。

高齢者の急激な人口増加は、従来の社会構造を大きく変え始めています。社会保障費の増大、医療制度や介護制度、労働人口の減少など課題がたくさん生じています。国は、「少子高齢化が急速に進展し人口が減少する中で、経済社会の活力を維持するため」として、2021年に高年齢者雇用安定法を改正し、70歳までの定年引き上げや就業機会の確保をすることを事業主に求めています。

私は、高齢になってもずっと働くことはよいことだと考えます。しかし、高齢者を働かせてまで経済低迷から脱しようという国の姿勢の裏側にある「生産性を上げることで景気をよくしよう」という考えは、時代遅れというか現状をきちんと把握していないと思います。今はモノが余り、消費が追いつかないという消費不況の状況です。日本社会にとっては、元気でお金をたくさん蓄えている高齢者がお金を使うことで景気が上向き、さらには医療費や介護費用の拡大の抑制にもつながるのです。にもかかわらず、生産性の低い高齢者は金ばかり食う社会のお荷物だという風潮が広まれば、高齢者も自己責任で「老後の蓄え」をしなければと、お金を貯め込んでしまうのは無理もありません。

農地解放政策が源

高齢者がお金を貯め込む理由はそれだけではないと思います。子どもにお金を残したいという気持ちもあるでしょう。それがどこから生じているのかかねて不思議で、考察してみました。

戦後、アメリカの占領政策で一番成功したのは、農地解放だという説があります。農地解放とは、小作人というかわいそうな立場の人を地主から解放して自作農にしたことです。アメリカの民主化政策の一環として受け止めている人は多いと思います。

この結果、小さい土地ながらも地主になった農民は、その土地にしがみつくようになります。例えば、政府や自治体が公共施設を整備したい、広い道路を作りたいと計画し、その対象となる土地に農地があった場合、その土地の持ち主である農民たち全員から土地を買い上げなければなりません。でも、地主となった農民は手に入れた土地を手放したくない。1人でも反対すれば施設は作れない。1960~70年代に、成田空港開港をめぐり住民の激しい反対が起きたことを記憶している方は多いでしょう。まさに典型例です。

終戦直後、アメリカとしては、日本が再び軍事国家になることを避けたかったのです。

だから、それにつながるような広い道路などを作るための土地の接収を阻もうとした。その結果なのです。1950年に朝鮮戦争が始まり、アメリカは日本を前線基地として使おうという発想に転換しましたが、終戦間もなくの頃のアメリカは、結構日本を恐れていたようです。

日本のように、戦争で負けて80年間も戦勝国にヘコヘコしている国なんて世界に見当たりません。ドイツは負けても負けても、再軍備して戦争をしてきました。負けたときにのまされた条約だって変える。日本みたいに、日米安全保障条約や日米地位協定など、いったんのまされたら一度も根幹を変えない国なんてないでしょう。

日本の最大の「戦争犯罪」だと私が考えているのは、原爆を落とされ市民が無差別攻撃を受けたにもかかわらず、戦後80年もアメリカの言いなりになっていることです。ロシアとウクライナとの戦争で停戦が成立したとしても、ロシアが占領したウクライナの土地が停戦後即時にウクライナに返還される可能性は低い。そんな停戦をしたら、勝った国が得をするという悪い教訓を残します。要するに、力で奪い取った土地がオーソライズされてしまうとまねをする国が出てくる。その悪しき前例が日本ではないでしょうか。「言いなり」は国民のメンタリティーにも影響を与えていると思います。

そのメンタリティーとは何か。農地解放なるものがされるまでは、「家督を継ぐ」という発想は、武家と商家、大地主だけのものでした。「家督を継ぐ」というのは、長男が家長として家の仕事や地位、財産を継ぐ制度です。つまり、子どもに財産を残すという発想は、〝名家〟だけだったわけです。戦後、家督相続は法的に廃止されましたが、長男に限らず子どもに財産を残すという家督制度的発想は一般庶民に広まりました。これは、農地解放によって土地を与えられたことで植え付けられ、拍車がかかり、今に至っていると私は考えます。その結果、高齢者は財産を子どもに引き継ごうと貯め込むのではないでしょうか。

家族による介護は日本の文化ではない

それだけではありません。今、日本の〝伝統〟とされていることの多くが、実は戦争と占領政策で植え付けられたものです。日本人のものの考え方は、昭和10年から25年の間にものすごく変わりました。例えば、子どもを増やそうと叫ばれ始めたのがこの時期。現在、1人の女性が一生の間に産む子どもの数である合計特殊出生率が低下し、「1」にどんどん近づき近年は大ピンチといわれています。政府は少子化対策を繰り出していますが、私から見ると女性に対して「産めよ、増やせよ、働けよ」と言っているようなものです。「産めよ、増やせよ」は戦争中のスローガン。それ以前は、中国のかつての一人っ子政策ほどではないにせよ、子どもをたくさん産んでも食べさせられず、働き口もないので、日本は一生懸命コンドームを作って避妊していたのです。

少子化が進むと、社会保障費を負担する人口が減るなどして、高齢者は社会や若い人に面倒をかけるという議論に進んでいます。ある経済学者は「少子高齢社会の唯一の解決策は、高齢者の集団自殺」という内容の発言をしました。高齢者差別以外の何ものでもないトンデモ発言です。高齢者は、これまで働き、税金や社会保険料を払いながら「老後の蓄え」をしてきたのです。こんな発言を絶対許さないためにも、お金を使って高齢者のニーズを訴え、高齢者が幸せに暮らせる社会をつくりましょう。

戦後、アメリカの占領下で日本人は、脱脂粉乳を含めてタンパク質を取るようになりました。その結果、栄養状態がよくなり結核や脳卒中で死ぬ人は減り、世界に冠たる長寿国になりました。しかし、同時に介護の問題が出てきたのです。

在宅での家族介護は日本の美風のようなことを言う人がますが、全くの嘘。昭和40年代、九重佑三子さんが主演した「コメットさん」というテレビドラマがはやりました。このドラマは、住み込みの若い家政婦が魔法を使って問題を解決するという内容ですが、かつて家政婦は結婚する前の女性の仕事でした。普通のサラリーマンの家庭でもお手伝いさんを雇うことは珍しくありませんでした。長生きの金持ちの家には使用人が何人もいて、介護を家族がする必要がなかったのです。日本には家族による在宅介護の伝統なんてないのです。古くからの伝統、文化とされますが、実は全然そんなことはない。だから、高齢者は、子どもに期待し頼るのではなく、**自分で貯めたお金で介護を含め、老後生活を設計すべき**なのです。

何が言いたいかというと、子どもに財産を残さなくてはならないというのは、戦後の悪しき伝統の一つです。どんどん自分のために使う。それが、健康長寿につながることは後に詳述します。

「争族」と後見制度

高齢者の皆さん、お金はあればあるほど幸せ、老い先の心配がなくなると思っていませんか。それは幻想です。誰も相続に関して文句のつけようがない財産を残せる大金持ちはともかく、**中金持ちや小金持ちほど、子どもたちの醜い相続争い、すなわち「争族」をもたらす**のが現実です。

こう断言できるのは、私は精神科の医師なので、弁護士などの依頼で「精神鑑定意見書」をよく書いているからです。精神鑑定というと、殺人や傷害などの犯罪を起こした刑事事件の被告の責任能力を判断するものを思い浮かべる人が多いかもしれません。実は、大部分が民事事件に関わるものなのです。中でも多いのが相続や遺言書にまつわるもの。遺言書を書いた時にその人にちゃんと判断能力があったのかとか、既に認知症になっていたかどうかに関する鑑定書をしょっちゅう書いているのです。この過程で、相続や遺言に関するトラブルを目の当たりにします。

「成年後見制度」という制度があります。認知症、知的障害、精神障害などの理由で判断能力が不自由な人は、不動産や預貯金などの財産の管理や、介護サービスや施設入所などの契約を結んだり、遺産分割の協議をしたりすることが難しい。そのような場合に当事者を支援するのが成年後見制度です。成年後見制度には、法定後見制度と任意後見制度があります。前者は、本人の判断能力が不自由になった後に、家庭裁判所が選任した成年後見人が本人を法律的に支援する制度です。家庭裁判所への申し立ては、本人、配偶者、四親等以内の親族らができます。

ここで問題なのは、家庭裁判所は、医師の緻密な意見書に基づいて判断能力をみるのではなく、一種の手続きに従って判断してしまうことです。手続きとは、いわゆる認知症テスト、有名なのは「長谷川式認知症スケール」[*1]です。

長谷川式スケールは9問の質問に答えます。30点満点で20点以下は認知症の疑いがあると判断されるのです。16～19点であれば軽度、11～15点であれば中度、5～10点であれば重度、4点以下であれば非常に重度と判断されます。家庭裁判所では、これに準じて10点以下だったら「後見」[*2]。11点以上15点以下だったら「保佐」、16点以上20点以下だったら「補助」とするのが通例です。

こういった点数は、その時の心身の状態により変わります。人には誰しも調子のいい時があれば、悪い時もある。だから、たった一度のテストの点数でバッサリ切っていいものではありません。判断する裁判官はものすごく頭が硬いと思います。成年後見の「後見」は、本人の判断力がなくなっているから後見人が全て財産管理をするというレベルです。しかし、私が長年、高齢者医療に携わった経験・知見からすると、長谷川式スケールで10点を取れるということは、設問の意味が分かり正答できる能力が残っているということです。人の話は理解できるのです。

2013年、成年後見人が付いている人にも選挙権を付与する改正公職選挙法が成立しました。それまでは、成年後見人が付いた人は選挙権を失っていたのです。つまり、後見人が付くレベルの人でも「この人は嫌いだが、あの人は好き」という意思表示はできるということを公選法は認めているのです。にもかかわらず、一般の裁判では、後見レベルの人は意思能力がないとみなしています。

判断能力と意思能力は違います。判断能力というのは、例えば家を売る契約書にサインするとか老人ホームの入居契約をするとかの場合に、契約を理解し決断する能力です。それに対し、意思能力というのは、「今、カレーが食べたい」といった自分の意思を示すことができる能力です。その時、「ボケている人が言っていることだから、カレーじゃなくて焼きそばを出しても大丈夫だよね」というのは、意思能力をないがしろにしていることになるのです。

子どもが家庭裁判所に申し立てて、長谷川式スケールの結果「後見」と判断されてしまったら、自分の財産はこうしたいという意思があるのにもかかわらず、その処分について全てを後見人が行い、本人の意思が通らないということが起こり得るのです。

＊1　**長谷川式認知症スケール**　認知症の疑いや認知機能の低下を早期に発見することができるスクリーニング・テストで、1974年に精神科医の長谷川和夫氏が開発した。ちなみに、長谷川氏は「痴呆症」という名称を「認知症」と改めることに貢献、2018年には自身が認知症であることを公表し、講演活動な

どに取り組んだ。2021年没、享年93。

＊2 **後見・保佐・補助** 「後見」は「判断能力が欠けているのが通常の人」、「保佐」は「判断能力が著しく不十分な人」、「補助」は「判断能力が不十分な人」にそれぞれ適用される。

Column

成年後見制度

認知症、知的障害、精神障害などの理由で、財産管理（不動産や預貯金などの管理、遺産分割協議などの相続手続きなど）や身上監護（介護・福祉サービスの利用契約や施設入所・入院の契約締結、履行状況の確認など）などの法律行為を自分ひとりで行うのが難しい場合がある。自分に不利益かどうか分からないまま契約を結び悪質商法の被害にあう恐れもある。このようなひとりで決めることに不安のある方々を法的に保護し、支援するのが成年後見制度だ。成年後見制度には、法定後見制度と任意後見制度がある。

法定後見制度には、不安や心配の程度に応じて、「補助」「保佐」「後見」の3つの制度がある。

「補助」は契約をひとりで決めることに心配がある人が対象。「保佐」は、重要な手続き・契約などをひとりで決めることが心配な人が対象。「後見」は多くの手続き・契約などを、ひとりで決めることがむずかしい人が対象。それぞれ家庭裁判所が補助人、保佐人、成年後見人を決める。この場合、家族が後見人に選任されるとは限らず、法律や福祉の専門家、公益法人等が選ばれる場合もある。また、成年後見人等を監督する成年後見監督人を選ぶこともある。

任意後見制度は、あらかじめ本人自らが選んだ人（任意後見人）に、将来その人に託したいこと（本人の生活、療養看護、財産の管理に関する事務）を契約（任意後見契約）で決めておき、本人の判断能力が不十分になった後、任意後見人が本人に代わって実行する制度。この契約は、公証人により任意後見契約の公正証書が作成され、法務局に登記される。家庭裁判所により任意後見監督人が選任され、その監督下で任意後見人は本人に代わって契約で定められた範囲内の事務を代理する。

＊詳しくは、法務省のホームページで確認できるほか、地域の法務局にお問い合わせを。

お金で起こる家族のトラブルの悲劇

私が、相続をめぐる民事裁判で精神鑑定意見書を書いたケースに次のようなものがあり

ます（守秘義務の関係で一部改変）。

ある高齢の男性が長男の妻を養子にし、その人のために財産を残したいということで養子縁組の届け出にサインをしました。ところが、その長男の弟たちが「ボケている人に書かせたのでその書類は無効だ」と裁判所に申し立てたのです。私の意見書では、その女性に対する人物誤認はなく、女性を養子にしたいという意思が確認されれば意思能力はあると考えるとしました。しかし、裁判官は認知症テストで男性は「後見」相当の点数だったから、判断能力がないので遺言書は認められないとバッサリだったのです。

自分をかいがいしく世話してくれる女性に財産をあげたいというのは、判断力ではなく人間の意思、感情です。結局、裁判所は和解をすすめてきました。私は、鑑定を依頼してきたこの男性の長男に「マスコミに訴えて世の中に問うたほうがいい」と言いましたが、結局和解に応じました。

このような争いになったのは、要するに金絡みです。もともと仲のいい3人兄弟でした。長男だけが未婚でしたが、この女性が好きになって結婚しました。弟2人は当初、祝福していましたが、父親が長男の妻を養子にしようとした途端、兄弟間に完全にひびが入ってしまったのです。

法的には子供の妻を養子にすることはできます。男性が長男の妻を養子にしなければ、男性の財産は兄弟3人で分けることになります。ところが長男の妻を養子にすると子供が4人となり、財産は4人で分けることになります。父親の財産の半分が長男と養子となった妻のところに行ってしまう。それで、裁判までもつれ込んだわけです。

ここで学んでほしいことが二つあります。まず、財産を残すと、仲がよかった兄弟姉妹の仲が悪くなる可能性が高いこと。二番目に、認知症と判定されてしまったら、判断力がないとみなされることです。子どもが家庭裁判所を通じて成年後見人を選任したり、子ども自身が後見人になったりすると、自分の意思が通らなくなる可能性が高いということです。

金離れがいいと人が寄ってくる

お金を残すと「争族」のもとですし、認知症と判断されて後見を付けられたら自分で自由にお金を使うことができなくなる。だから、自分の意思で財産の断捨離を行い、積極的に使いましょうということなのです。**年をとればとるほど大事なのは、お金があることより、お金をどう使うか**です。何より、お金を使うと人が寄ってきます。思い出作りにもつながり、人との会話が増えるので認知症予防にも効果的です。

私は映画製作の仕事もしています。その際、出資を募ることがあるのでその点は痛感します。若いうちだったら、ビジネスに成功してお金を持っている人のところには、「一緒にビジネスをやらないか」と寄ってくる人はたくさんいます。しかし、残念ながら年をとってからだと、仮にお金をたくさん持っていたとしても、「どうせあの人は金を出さないだろう」と思われてしまう。あるいは「死ぬまで持っていたほうがいい」と勝手に忖度《そんたく》されてしまう。

つまり、年をとるとお金を持っているだけでは人は寄ってこないのです。しかし、「芸術活動のパトロンになってくれる」という評判が立ったり、仲間に気前よく食事をふるまったりしていると、年をとっても人が寄ってきます。今はお金を貯め込んでいると、小金持ちであっても、それを綿密に調べて巻き上げようとする悪い輩《やから》がたくさんいます。闇バイトによる緊縛強盗、特殊詐欺に狙われるだけです。

孫がいる人だとイメージしやすいでしょう。質素なアパートに住んでいるけれど孫にお年玉を5万円くれるおばあちゃんと、すごい豪邸に住んでいるのに孫に3000円しかお年玉をあげないおばあちゃんだったら、孫がどっちに寄ってくるかは火を見るより明らかです。そして、どっちのおばあちゃんの方が幸せでしょうか。金離れがいい人に人は寄ってくる。これは資本主義の原則でもあります。

このように資本主義は本来、お金を使う人を尊ぶ、すなわち「お客様は神様」であるはずです。にもかかわらず、今の日本の資本主義はおかしい。お金は使わず持っている方がいいという風潮が広まっている。だから、高齢者はお金を使わないようになってしまったのではないでしょうか。

企業も同様です。大企業は内部留保を600兆円もため込んでいます。内部留保をため込むとはどういうことか。「設備投資をしない」「従業員に十分な給料を払わない」「下請けをいじめる」という三拍子が揃っているということです。

内部留保が多い割には、時価総額が低い会社が結構あります。だから、中国やアメリカの企業に買われてしまう。内部留保が多いことは何の自慢にもならず、むしろ恥です。設備投資を積極的にする、高い給料を払って質の高い従業員を集める、下請け企業にもいい条件で仕事を出すから逃げていかない。そんな会社の方が時価総額は高いし、尊敬もされます。

やはり、世の中で何が一番まずいかというとケチ。そう言われないようにしたいものです。

第1章

老後資金はどれだけ必要か

今の高齢者は若々しく金持ち

２０２４年に発表された総務省統計局の「人口推計」（２０２４年9月15日現在推計）によると、日本の総人口は約1億２３７６万人で、前年に比べ59万人減少している一方、高齢者とされる65歳以上人口は、３６２５万人と、前年（３６２３万人）に比べ約2万人増加し、過去最多となりました。

総人口に占める割合は29・３％。前年（29・１％）と比べると０・2ポイント上昇し、こちらも過去最高で、高齢化率は世界トップ。男女別にみると、男性は１５７２万人で男性人口に占める割合は26・１％、女性は２０５３万人で女性人口比32・３％と、女性が男性より４８１万人多い。年代別にみると、70歳以上人口は２８９８万人（総人口の23・4％）で、前年に比べ9万人増（0・2ポイント上昇）、75歳以上人口は２０７６万人（同16・8％）で、前年に比べ71万人増（0・7ポイント上昇）、80歳以上人口は１２９０万人（同10・4％）で、前年に比べ31万人増（0・3ポイント上昇）でした。

要するに、人口の約3割が高齢者なのです。ちなみに65歳以上の高齢者が総人口の21％を超えた社会を「超高齢社会」と言います。日本が超高齢社会になったのは２００７年。

世界的にみても、日本はドイツ、イタリアと並んで超高齢社会のトップグループです。

現代の高齢者の特徴は、一世代前と違って元気で若々しい人が多いこと。もう一つの特徴は、個人差はかなりあるにせよ平均的にはお金を持っていることではないでしょうか。

総務省の「家計調査」（統計理論に基づき選定された全国約９０００世帯対象）によると、世帯主が65歳以上の世帯（２人以上）の金融資産は２０２３年で平均２４６２万円。資産ゼロの世帯を除いて資産の低い順に並べて真ん中になる「中央値」は１６０４万円。世帯主が60～69歳の貯蓄は２４３２万円で、70歳以上は２５０３万円。50歳以下の貯蓄平均が１２９９万円なのに対し、60歳以上の平均は２４７８万円でした。

一方、金融広報中央委員会の「家計の金融行動に関する世論調査」（23年、２人世帯以上、インターネットモニター調査）で老後の生活への心配を聞いたところ、「非常に心配である」が38・９％、「多少心配」であるが39・６％でした。さらに、老後の心配をしている理由（複数回答）では、「十分な金融資産がないから」が68・１％でトップ。「年金や保険が十分ではないから」が49・３％、「生活の見通しが立たないほど物価が上昇することがあり得ると考えられるから」が37・１％、「現在の生活にゆとりがなく、老後に備えて準備（貯蓄など）していないから」が25・０％と続きました。

老後資金の目安、「2000万円」は本当か

老後の心配に拍車をかけたのが例の「2000万円問題」だと思います。年金制度が破綻するのが20年後になるのかいつになるのかは分かりませんが、今70代以上の高齢者の方なら、おそらく生涯年金をもらえます。日本の社会福祉制度もまあまあいい。介護保険や高額療養費制度を利用すれば、年をとって要介護状態になったり入院したりした時、施設や病院から放り出されることはまずありません。

このような国に住んでいるにもかかわらず、日本の高齢者はお金を貯め過ぎです。これは2019年に金融庁の金融審議会が提出した報告書で「年金だけでは老後の生活費は2000万円足りない」と喧伝されたことが大きいと思います。このことで、退職までに2000万円貯蓄しないと老後に夫婦2人で生活ができなくなると騒ぎになりました。

でもちょっと待って下さい。この報告書は、夫65歳、妻60歳が30年後(夫95歳、妻90歳)まで生きて、その間に夫婦ともに無職であることを前提にしています。その時、家計収支は年金だけは消費支出を賄えず平均月5万5000円の赤字になると計算し、30年間続くから「5万5000円×12カ月×30年＝1980万円」、約2000万円が不足すると見

積もったのです。

ところが、私のような老人医療に携わる者からするとおかしい点が二つあります。

一つ目は、夫65歳、妻60歳の時点で月5万5000円の赤字だとしても、70代、80代、90代とずっと同じように消費をし続けるでしょうか。この家計収支では食費は24・4%を占めていますが、年を重ねると食費は次第に少なくなっていくものです。身体的に旅行にも行きづらくなるし、人と会う機会も少なくなるから、支出は減るはずなのです。5万5000円の赤字は続いたとしても夫80歳、妻75歳までの15年でしょう。赤字はそれ以降の15年間でもっと低くなり約900万円の計算になります。

二つ目。人生百年と言われていますが、95歳まで生きられるのは今のところ少数派です。加えて、この見積もりでは夫婦ともに働かないことになっていますが、労働力調査によると、65歳以上の人の就業率は増えています。働きたい人は大勢いるでしょうし、心身ともに元気な60

〜70代はむしろ働いて社会とつながり、なおかつ収入を得たほうがいい。

「月5万5000円の赤字」というのも、見方を変えれば、毎月年金プラス5万円ぐらいは使うということです。私はむしろ好ましいことだと考えます。一般的に、65歳を超えていれば既に家のローンは払い終わり、子どもは手を離れていている。2000万円かどうかは分かりませんが貯蓄もあって金銭的に多少余裕はあるでしょう。

そして年金がある。そうすると、一家でだいたい月10万〜15万円は自由に使えるのではないかと推察します。夫婦でおいしいものを食べに行ったり、旅行をしたりすることに使うのは全く悪いことではありません。生活が幸せになり、ボケの先送りにもなります。「2000万円問題」にとらわれずに、あなたの望む生活のレベルや質を考えてみて下さい。

仕事を続けることの価値

もし5万5000円の赤字が出るのが心配だったら、少し働いてみるのはどうでしょうか。これからの時代、75歳ぐらいまではなんらかの仕事があります。介護の仕事でもスーパーの販売の仕事でも月10万円ぐらいは楽に稼げると思います。65歳から80歳までの15年の間のうち10年ぐらいは働いて稼げる。だから、その間のために1円も残しておく必要はないといえます。
仕事をすることの価値は、お金を得ることだけではありません。厚労省の統計調査によると、１９６０年当時の平均寿命は男性が65歳、女性は70歳でした。その頃の定年は55歳なので、男性の定年後の余生は10年ほどしかありませんでした。現在は、男性の平均寿命は81歳超。60歳で定年退職した場合、余生はかつての倍の20年余あるわけです。しかも、平均寿命は若くして亡くなった人も含まれているので、すでに65歳を迎えた人に限定すると、男性で約20年、女性で約25年の平均余命があります。

平均余命（令和5年）

年齢	男	女
65	19.52	24.38
70	15.65	19.96
75	12.13	15.74
80	8.98	11.81
85	6.29	8.33
90	4.22	5.53

厚生労働省 令和5年簡易生命表より

健康寿命でみると、65歳時点で健康な人は、平均的に男性なら79歳まで、女性は81歳まで健康に生活できることが多いのです。要するに働けるのです。現在、多くの企業が再雇用制度を導入しています。高齢者雇用安定法は、企業に70歳までの雇用確保措置を設けることを義務付けています。この制度を利用して働き、70歳で会社を辞めた場合でも、約10年間はフリーで日常生活に差し障りのない時間が続くことになります。

中には「定年後まで働きたくない」という人もいるでしょうが、私はこの時間を有意義に過ごすには、働くことで社会と関わり続けることが最もふさわしいと考えています。

世界各国で行われている調査では「老後、働いているほうが長生きで健康度が高い」という結果が出ています。日本では、リクルートワークス研究所がまとめた「全国就業実態パネル調査2024」によると、正規、非正規にかかわらず65歳以上の職員・従業員は他の年代に比べて生き生きと働いていた割合が高かったことが分かりました。「昨年1年間、生き生きと働くことができましたか」という質問に対して、「あてはまる」と答えた人は、平均33・2％であるのに対し、65歳以上の正規の職員・従業員は51・5％、非正規の職員・従業員は50・3％で、いずれも他の年代に比べて一番高かったのです。

現役時代は家族のために組織人を続けざるを得なかったという方も多いでしょう。しかし、定年後は子どもの教育費や住宅ローンのために自分を犠牲にして働く必要はなくなります。先の調査で65歳以上の人が一番生き生き仕事をしていたのは、そういったプレッシャーから解放され、自分のために働くことができたからだと思います。

老化により前頭葉の萎縮が進み、意欲が落ちてきている高齢者にとって、**生き生きと働き、楽しく変化のある日々を送ることは、脳の老化を防いで免疫力を高めることにつながります。**心身の健康を長く維持するためには、何らかの仕事を続けることは非常に望ましいのです。

生涯現役こそ長寿の秘訣

仕事と寿命の関係を示す興味深いデータがあります。

長野県はかつて、都道府県の中でも平均寿命は下位でした。それが１９９０年に男性が全国１位となり、２０１０年には男女ともに１位となりました（厚生労働省「都道府県別生命表」）。その後も、全国でトップレベルの平均寿命を維持しています。２０２３年には、健康寿命が男性81・0歳、女性84・9歳でともに全国１位となりました（国民健康保険中央会発表）。

県民１人当たりの75歳以上の後期高齢者医療費も、全国平均より10万円も低く、年をとっても元気な人が多いのです（厚生労働省「国民医療費の概況」）。長野県健康長寿プロジェクト・研究事業報告書（２０１５年）は健康長寿の要因のトップに、高齢者の就業率が高く、生きがいを持って生活していることを挙げています。長野県の高齢者の有業率は全国でもトップクラスで、少なくとも男性については、仕事をしていることが寿命の長さにも関係していると思われます。

一方、健康イメージの強い沖縄県。２０２０年の同じ調査で沖縄県の平均寿命は男性が80・7歳となり、全国43位で前回（15年）の36位から順位を落としました。女性は87・9歳の16位で、前回の7位から下がりました。沖縄県の高齢男性の有業率はかなり低く、これが平均寿命に影響しているかもしれません。どの都道府県でも女性の平均寿命が男性を上回っているのは、定年がない家事をずっと続けているからではないでしょうか。

従って定年後、働かずに何もしないでいるような生活、頭を使わない生活が一番よろしくない。コンビニのアルバイトや地域ボランティアなどなんでもいいので、〝生涯現役〟を目指して下さい。

特に、男性は要注意です。まず、老化によって活動性や意欲の源である男性ホルモンが減ります。現役時代は家と会社の往復で地域とのつながりがほとんどない。定年後は、家でぼーっとして、食事は妻が作ってくれるのを待っているだけ。家族に嫌がられる人も多い。そんな人は思い切って新しいことに挑戦して下さい。どんな仕事でも沽券にかかわるなんて言わずにトライすることです。そうしないと心身の老化は加速度的に進行します。

在宅で母親の介護をしている知り合いが言っていました。母親のデイサービスの迎えに定年後らしき男性がくるようになったのですが、高齢者の心身のことが若い男性スタッフより分かるせいか、介護の目配りが行き届いて安心できるとのことです。介護の世界は人手不足が深刻で、特に〝男手〟が求められています。

また、コンビニを運営する企業のトップは、近年、特段用事もないのにコンビニに毎日くるお年寄りが増えていると言っていました。そんな時、同じような年代の店員さんがいたら話しかけやすいのではないでしょうか。

地域の世話役やボランティアなどをして〝地域デビュー〟するのも新しい世界が広がり、脳への刺激になります。自分で壁を作らず、収入の多寡にかかわらず「生涯現役」であろうとする姿勢が大切なのです。

一方、定年後も再雇用で会社に残る場合、60歳の再雇用の際には、通常は給与が大幅に減ります。かなりの減額で頭にくる人は多いようですが、よく考えると、月20万円にしても年間240万円。65歳までには1200万円を稼げる計算になり、そのまま貯めていれば、例の「2000万円」の半分以上を賄えることになるのです。現役時代同様に健保組合にもそのまま加入できたりする。これも悪くないはずです。

健康寿命と平均寿命の推移

	男		女	
	平均寿命（歳）	健康寿命（歳）	平均寿命（歳）	健康寿命（歳）
平成13 (2001)	78.07	69.4 -8.67	84.93	72.65 -12.28
平成16 (2004)	78.64	69.47 -9.17	85.59	72.69 -12.9
平成19 (2007)	79.19	70.33 -8.86	85.99	73.36 -12.63
平成22 (2010)	79.55	70.42 -9.13	86.3	73.62 -12.68
平成25 (2013)	80.21	71.19 -9.02	86.61	74.21 -12.4
平成28 (2016)	80.98	72.14 -8.84	87.14	74.79 -12.35
令和元 (2019)	81.41	72.68 -8.73	87.45	75.38 -12.07

各下段赤文字は平均寿命と健康寿命の差分
（令和6年版高齢社会白書より）

知っておきたいセーフティーネット

それでも老後の生活が不安な方や、平均寿命をはるかに超えて長生きしたい方は、国のセーフティーネットの存在を理解しておくといいでしょう。

かつて社会福祉制度があまり充実していなかった時代は、自分が要介護状態や認知症になった時のために蓄えておかなくてはなりませんでした。しかし、現在、日本国民の場合は、介護保険や生活保護という手厚い福祉サービスが受けられます。

厚生労働省によると、日本人の健康寿命は男性73歳、女性は75歳です。平均寿命は、男性81歳、女性87歳です。健康寿命の後は、健康上の理由で何かしら日常生活に支障を来す状態にあるということです。また、認知症のリスクは高齢になるほど高まり、九州大学の研究によると、認知症の有病率は65～69歳で男性1・1%、女性1・0%、75～79歳で男性6・0%、女性7・4%、85～89歳では男性25・2%、女性37・2%。90歳以上になると男女平均5割が認知症です。注意してほしいのは、女性の方が割合が高いということです。

もし、日常生活に支障を来すような健康状態になってしまったら、頼るべきは2000

年齢階級別の有病率／認知症（2022年時点）

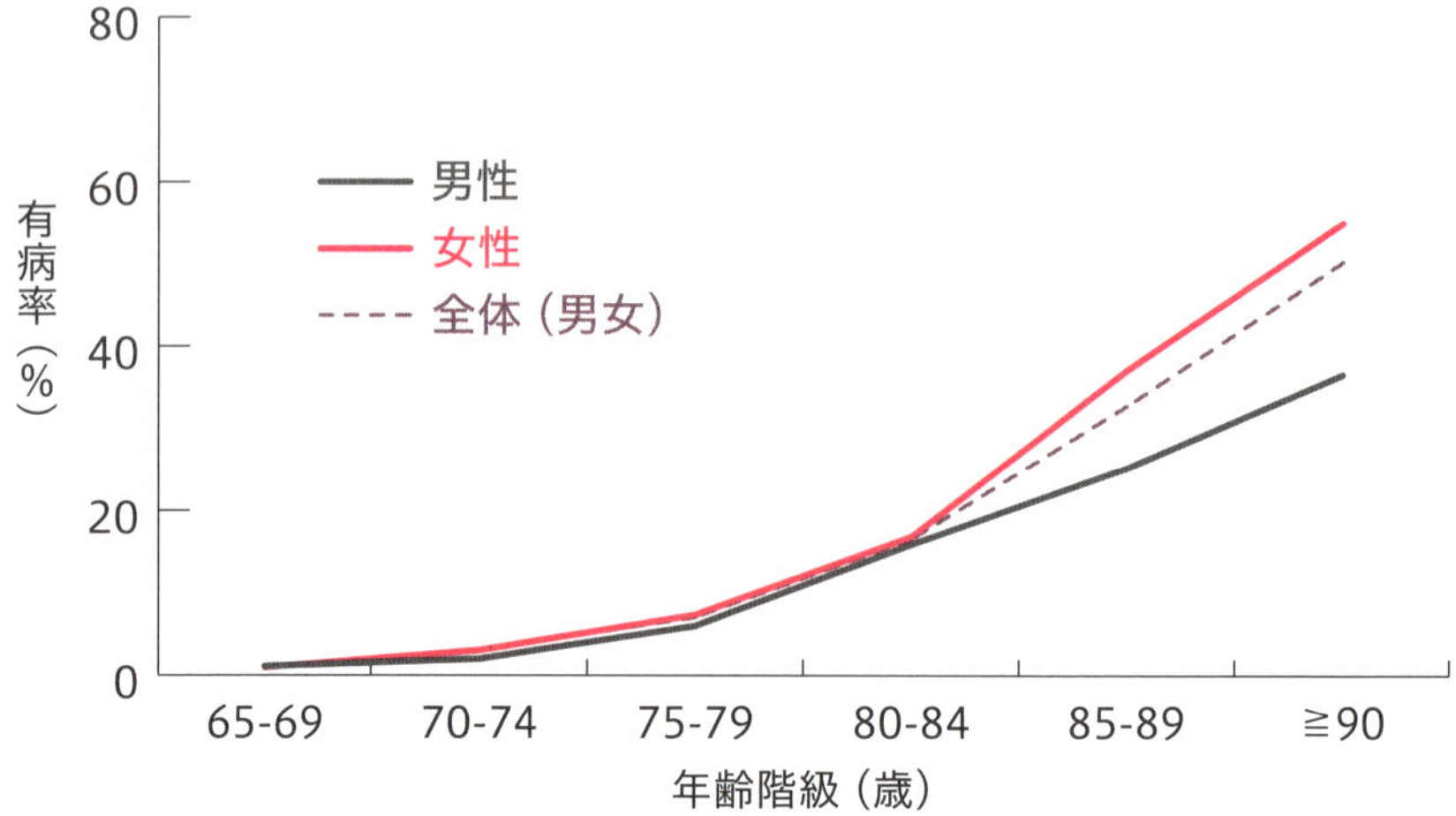

年齢階級別の有病率／軽度認知障害（MCI）（2022年時点）

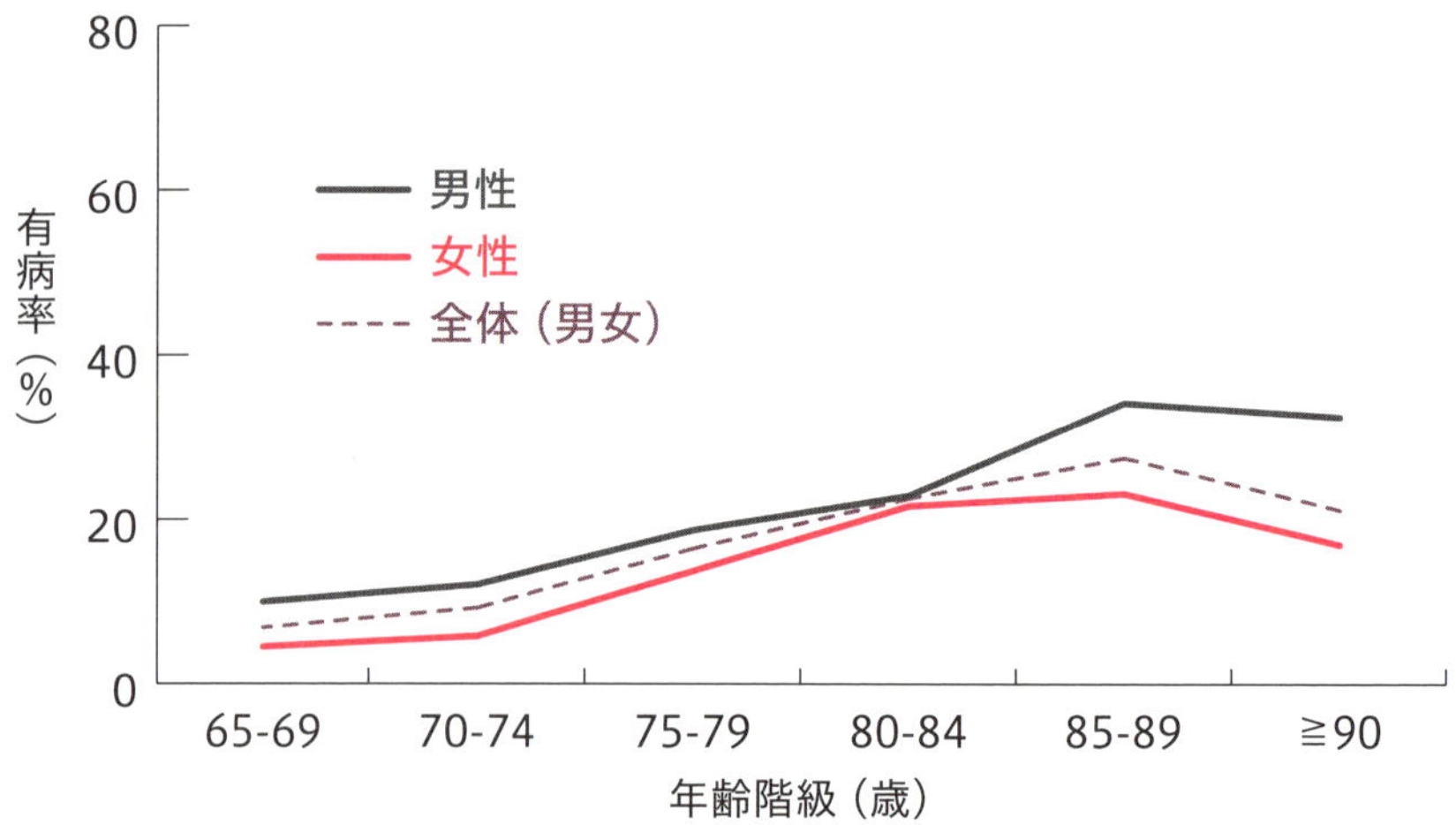

出典：「認知症及び軽度認知障害の有病率調査並びに将来推計に関する研究」
（令和5年度老人保健健康増進等事業推進費等補助金 九州大学 二宮利治教授）

年に施行された公的介護保険制度です。今は全く必要ないという方も、元気なうちにどのような制度なのかを知っておいたほうがいい制度です。介護保険は、40歳以上の人が介護保険料を払い、前期高齢者となる65歳以上で、介護や支援が必要になった時に給付を受けられる制度です。75歳の人なら35年間払い続けているわけですから、必要が生じたら遠慮なく使えます。

仕組みは、65歳になると住んでいる市区町村から「介護保険被保険者証」が交付されます。保険証を持って市区町村の窓口や地域包括支援センターに行き、状態を説明します。その後、調査員による認定調査が行われたり、主治医が意見書を書いたりして、支援・介護の必要性が判断されます。必要となれば、「要支援1」から「要介護5」までの7つの等級のどれかに振り分けられ、等級に応じてどのようなサービスが受けられるか、月にいくらまでサービスが受けられるかが決まります。

自己負担は発生しますが、内容を知っておけば、自身の蓄えを今後どれだけ「断捨離」すなわち「思い出作り」に回せるかの参考になるでしょう。なお、介護保険給付については、厚生労働省のホームページをもとに以下にまとめておきます。

介護サービスの区分別支給限度額

公的介護保険制度においては、対象となる介護サービスについて支給される介護保険給付の金額の上限が介護度ごとに定められており、受けたサービスの合計がこの上限以下であれば1～3割の自己負担で利用できる。これを超えて利用した場合は全額自己負担となる。

要介護度	支給限度額（円／月）
要支援1	50,320
要支援2	105,310
要介護1	167,650
要介護2	197,050
要介護3	270,480
要介護4	309,380
要介護5	362,170

＊それぞれの金額は、介護報酬の1単位を10円として計算。ただし、地域により1単位の額は異なるので居住している自治体で確認を。概して大都市では上記金額より高い傾向。

＊限度額が適用されるサービスは以下の通り。主に、自宅に住みながら受けるサービス。
①訪問介護　②訪問入浴　③訪問看護　④訪問リハビリテーション　⑤通所介護（デイサービス）　⑥通所リハビリテーション（デイケア）　⑦福祉用具貸与　⑧短期入所生活介護（ショートステイ）　⑨短期入所療養介護　⑩特定施設入居者生活介護（短期利用に限る）　⑪定期巡回・随時対応サービス　⑫夜間対応型訪問介護　⑬認知症対応型通所介護（グループホーム）　⑭小規模多機能型居宅介護　⑮認知症対応型共同生活介護（短期利用に限る）　⑯地域密着型特定施設入居者生活介護（短期利用に限る）　⑰看護小規模多機能型居宅介護（複合型サービス）

＊限度額が適用されない主なサービスは以下の通り。主に外部で受けるサービス。
①居宅療養管理指導　②特定施設入所者生活介護（外部サービス利用型、短期利用を除く）③認知症対応型共同生活介護（短期利用を除く）　④地域密着型特定施設入居者生活介護（短期利用を除く）　⑤地域密着型介護老人福祉施設入所者生活介護　⑥介護老人福祉施設（特別養護老人ホーム）　⑦介護老人保健施設（老健）　⑧介護療養型医療施設　⑨介護医療院　⑩その他、介護福祉用具購入や住宅リフォームに要する費用
（なお、介護保険施設入所者については、特定入所者介護サービス費の負担軽減措置が各自治体等により取られているので、地元自治体に確認を。介護予防サービスについても同様）

高額介護サービス費

1カ月の介護保険給付の支給限度額を超えた場合、その超過分が申請することで後から払い戻される制度。同じ世帯に複数の利用者がいる場合は、世帯の合計額。

	区分	負担の上限(円/月)
住民税課税世帯	課税所得690万円以上の65歳以上の人がいる世帯	140,100(世帯合計)
住民税課税世帯	課税所得380万円以上、690万円未満の65歳以上の人がいる世帯	93,000(世帯合計)
住民税課税世帯	課税所得380万円未満の世帯	44,400(世帯合計)
住民税非課税世帯	世帯全員が住民税非課税	24,600(世帯合計)
住民税非課税世帯	課税年金収入額およびその他の合計所得金額の合計が80万円以下	24,600(世帯合計)、15,000(個人)
住民税非課税世帯	老齢福祉年金および生活保護受給者	15,000(個人)

年金と生活保護は同時に受けられる

もう一つが生活保護。これについても正確に知っておいてほしいのです。

日本では税金を長年払っているにもかかわらず、国や自治体に面倒をみてもらうのは恥ずかしいと考える人が多いと思います。そして、生活保護を受けている人に対して心ないバッシングの言葉がSNSなどで投げかけられています。生活保護受給者の方が、働いている人より多くお金をもらっているのはおかしいと批判する人がいますが、不正受給でもない限りお門違いというものです。

これはぜひ覚えておいてほしいのですが、例えば預貯金がゼロになって年金だけで暮らしていかねばならず生活が大変になったとします。その年金が生活保護の基準額に満たない場合には、年金と生活保護は同時に受けられるのです。60歳代の人がうつ病か何かになって生活保護を申請したら「働けるでしょう」と言われ、支給されないことはいまだにあるようですが、70代や80代の人に同じことを言うのはあり得ないことです。貯金を使い果たしても生活保護というセーフティーネットがあるのです。

私は、それをきちんと伝えないテレビなどのメディアに非常に怒っています。あるテレビの情報番組が、月6万〜8万円の年金では暮らしていけないと訴える人の窮状を伝えていました。出演していたコメンテーターの一人は弁護士。その方は「政府は対策を講じなければならない」と言うだけです。弁護士なのであれば「貯金がなくなったら年金をもらっていても生活保護を受けられます。そんな苦しい生活をしなくてもいいのです」とアドバイスすべきではないでしょうか。生活保護を受ける権利があるのに、もらっている人を糾弾する動きがありますが、それに加担するに等しいと感じます。

年金だけでは生活ができない、でも年金をもらっていたら生活保護は受けられないと勘違いしている人がいますが、間違いです。**年金と生活保護は同時にもらうことができる**ことを覚えておいて下さい。

生活保護は、厚生労働省が定める基準で算出される「最低生活費」と年金などの「世帯収入」を比較して、不足する分を保護費として支給する制度です。例えば収入が年金のみで、その額が最低生活費に満たない場合、最低生活費から年金額を差し引いた分が保護費として支給されるのです。年金が最低生活費より2万円低ければ2万円の保護費をもらえます。具体的には「世帯収入が最低生活費以下」「預貯金・生活に利用していない土地・家などの財産がない」「援助してくれる家族・親族がいない」など、さまざまな条件をクリアする必要はありますが、条件を満たせば年金が少なくて困っている人も差額分の生活保護を受けられるのです。

最低生活費は家族の人数や住んでいる自治体などによって変わってくるので自分で算出するのは難しい。従ってその必要が生じたなら福祉事務所などに聞いてみるとよいでしょう。また、心配であればあらかじめ生活保護のしくみ、受けられる条件などについても勉強しておく。生活保護受給者になると国民健康保険の対象外になりますが、所轄の福祉事務所に申請すれば医療券や調剤券がもらえて、全国の指定医療機関で診察を受け、薬局で薬を受け取ることができます（医療扶助）。この場合、基本的に医療費はタダです。生活保護者は医療扶助以外に、いろいろな補助を受けることができます。例えばＮＨＫ受信料の全額免除、住民税や固定資産税の減免、粗大ごみ処理料の免除など、さまざまな支出が無料になったり減免されたりするのです。

生活保護を受けることを躊躇《ちゅうちょ》する方もおられるかもしれませんが、もしそのような状況になったのならば、これまで税金を払ってきたからには当然の権利と割り切って考えて下さい。

この他にも老後に国や自治体から給付されるお金はいろいろあるのですが、意外と知られていません。日本では、国や自治体の世話になることに抵抗感を抱く人が多いように思えます。ヨーロッパ、とりわけ北欧諸国では「高い税金を払い続けてきたのだから、老後は国が面倒をみることを求めるのは正当な権利だ」という意識が国民の間に浸透しています。高福祉・高負担の国だからでしょうが、私は日本の高齢者も**「現役時代に払った税金は老後に取り戻す」**という発想に転換していいと思います。そうすれば、蓄えたお金を自分のために使えますし、国からの給付で生活できれば「2000万円」問題に悩まされることはありません。

高齢者が「いざとなれば国に頼れる」「無理にお金を貯め込む必要がない」となれば、老後の不安は払拭され、高齢者はどんどんお金を使うようになる。そして、日本の経済もうまく回るようになるでしょう。

このほかに知っておきたい主な給付について以下にまとめたので参考にしてください。

Column

まだある高齢者への給付

●高齢者雇用継続給付

60歳で定年を迎えた後、再雇用制度を利用して同じ会社で働き続けた場合、給料が60歳時の75%未満に下がってしまったら、現在の給料の最大10%(2025年4月から)が支給される制度です。例えば、月給が50万円の人が再雇用で30万円に下がった場合、3万円を65歳に達する月までもらえます。通常、会社がハローワークに申請します。

高年齢者の就業意欲を維持、喚起し、65歳までの雇用の継続を援助、促進することを目的としてできた制度で、これまでは給料の15%でしたが、60歳以上の雇用継続が広がっているため、10%に引き下げられました。

◉老齢年金生活者支援給付金

65歳以上の老齢基礎年金の受給者が対象で、同一世帯の全員が市町村民税が非課税であることが要件。さらに、前年の年金を含めた収入の合計が、昭和31年4月1日以前に生まれた方で88万7700円以下、昭和31年4月2日以後に生まれた方で88万9300円以下の人であることも要件で、保険料納付済み期間などに応じて月額5310円を基準に算出され支給される制度です。給付金を受け取るには自分で請求する必要があるので、よく分からない場合には、日本年金機構に問い合わせて下さい。

なお、先ほど、年金生活者も生活保護を受けられると説明しましたが、年金生活者支援給付金と生活保護も併用可能です。ただ、年金生活者支援給付金は収入とみなされ生活保護受給額に影響するので注意してください。

◉介護保険の住宅改修助成金

介護保険の適用範囲は、いわゆる介護サービスの提供だけではありません。介護保険に加入していて、一定の条件を満たしている場合、自宅のリフォームの費用の大部分（9割または8割相当）が助成されます。対象は、▽要支援・要介護の認定を受けている▽介護保険料を納めている▽改修する住居に居住している――を満たしている人です。具体的なリフォーム例としては、▽手すりの取り付け▽段差の解消▽滑りの防止や円滑移動のための措置▽引き戸等への扉の取り替えなどです。

自己負担割合は原則1割ですが、2015年の法改正で一定以上の所得がある人の負担が2割に引き上げられました。最高支給限度額は20万円です。私の知人は、要介護の母親の歩行が困難になってきたため、最初レンタルの手すりを導入したのですが、マットに足がひっかかり危険なため、介護保険を使って壁に手すりを設置しました。工事費は6万円でしたが自己負担は6000円で済みました。必要を感じる方は、ケアマネジャーに相談するといいでしょう。

自治体によっては、「バリアフリー化」などの工事に補助・助成制度があり、要介護・要支援でなくても利用できることがあります。この際、「省エネ」「耐震」などへの補助・助成を含めて調べておいてはいかがでしょうか。

◉介護保険の福祉用具レンタル助成金

介護保険では、要介護者等の日常生活の便宜を図ったり、家で自立した日常生活を営むことができるよう助ける福祉用具に対しても、保険給付の対象としています。工事を伴わない手すり、スロープ、歩行器、車いす、介護ベッドなどです。利用を希望する場合には、ケアマネジャーと福祉用具貸与事業者に相談してください。

◉高齢者向け家賃補助制度

自治体によっては、高齢者向けの家賃補助制度を設けているところがあります。例えば、神戸市では、民間の土地所有者等が「神戸市インナーシティ高齢者特別賃貸住宅無利子融資制度」の適用を受けて建設した高齢者向け民間賃貸マンションに入居する高齢者に、所得に応じて家賃補助を行っています。

◉シルバーパス制度

バスや地下鉄などの公共交通機関が乗り放題、あるいは割引となる制度です。東京都の場合、シルバーパス（有効期間：発行日から9月30日で1年ごと）の発行を受けられるのは、70歳以上で都内に住んでおり、交通機関の利用が困難でない人。住民税が非課税の人は、負担金が1000円。住民税を払っている人は、負担金は2万510円なので、自身の使用頻度を考えて購入するかしないかを検討してみて下さい。住んでいる自治体がシルバーパス、公共交通利用助成制度を設けているかもしれないので、自治体のホームページ等で調べてみてはどうでしょうか。

◉高額療養費制度

高額療養費とは、1カ月の医療費の自己負担額が高額になった場合、一定の金額（自己負担限度額）を超えた分が、後で払い戻される制度です。限度額は、年齢や所得によって変わります。例えば70歳以上、年収が156万〜370万円の人ですと、外来・入院で自己負担額は5万7600円で、それ以上払った分は申請することで戻ってきます（2025年2月現在）。

後期高齢者医療制度でも、国民健康保険などと同じく、医療機関などで支払った額が上限を超えると「高額療養費制度」が適用されます。医療費が高額になる場合は、地元自治体の窓口に相談しましょう。

◉うつ病患者のための自立支援医療制度

年をとると体はもちろん、心も老化します。そして、自身の生きがいや社会的な役割を喪失することへの不安などが増大するうえ、セロトニンなどの神経伝達物質が減少するために、うつになりやすくなります。この高齢者のうつ病は、自殺につながる可能性が高いので要注意です。本人や周囲の人が早めに気づき対処することが必要ですが、もしうつの状態になってしまった場合、支援する制度があります。

自立支援医療制度を使うと、医療費が3割負担から1割負担になり、所得や病状に応じて1カ月の支払い限度額が決まります。もし「気分が落ち込む」「興味がわかない」「自分に価値がないと思う」などの心的症状に加え、著しい体重減少または増加、不眠または睡眠過多などの身体症状があれば、まずは医師に相談して下さい。

◉介護休業給付

家族を介護するために長期間仕事を休む場合、一定の条件をクリアすればハローワークからもらえる給付金です。休業前の給料の67%が、最長93日分支給されます。休業は3回に区切って取得可能です。「老々介護」の家庭は増えてくるので頭に入れておいて下さい。

ちなみに、介護休暇は、短期的な介護ニーズが生じた時、年に5日（介護対象者が2人以上の場合10日）取得できます。こちらは一般的に無給とする企業が多く、また公的な給付金はありません。

第2章

高齢者は重要な消費者である

欲しい商品が無い！

世間では、高齢者は衰えるだけの存在であり、お金は使わず、社会のお荷物と決めつけている傾向があります。しかし、高齢者は日本経済に活力を与える可能性を秘めた重要な消費者なのです。

私が強く反対している「運転免許の返納」も、「高齢者は家でおとなしくしていればいい」と言っているに等しい。テレビの情報番組や報道番組のコメンテーターに若い人が増えているように感じます。若者の考えを聞くのは別に悪いことではありませんが、人口の3割を占めるのは高齢者。高齢のコメンテーターが増え、高齢者から見た問題や実態を訴えれば、運転免許についても違った考え方が出てくるはずです。それなのに若者向けのテレビ番組が多いのは、スポンサーがつかないからとされています。「高齢者はコマーシャルを見ても買わない」と思われているからです。

『70歳が老化の分かれ道』（詩想社新書）や『80歳の壁』（幻冬社新書）など私の著書はAmazonでトップになるなど大いに売れました。これまで「高齢者向けの本は売れにくい」とされていたのを見事に覆したのです。「健康のためにあれはだめ、これはだめではなく、

おいしいものを食べて、自分が楽しいと思うことをして暮らすのが健康長寿の秘訣」とかねての主張を一貫して訴えたのが評価されたのだと思います。高齢者はお金を使わないという見方は偏見だと実感しました。

その後、次々と出版社から執筆の依頼がきました。しかし、テレビ局からは「高齢者向けの番組を作りたいので、アドバイスしてほしい」といったオファーは皆無。著書の中では「高齢者向けにこのような商品やサービスを提供したらどうか」と提案しているのに、「高齢者向けの商品やサービスに関する意見が欲しい」と声をかけてくる企業はありません。おそらく高齢者を重要なマーケットとして見ていないのです。

だから、高齢者はお金を使いたくても使えない。財産のある立派な消費者であるにもかかわらず、消費したいモノやコトがない。本当に高齢者のニーズに合う商品やサービスがあまりにも少ないのです。

私は、今までの日本の経営者に先見の明がなさ過ぎただけで、これからは徐々に、高齢者向けの商品やサービス業が盛んになると推測します。例えばです。高齢者は若者に比べお金に余裕があるので、ミシュランで星のついた店や食べログで4点以上の店に行こうとする。そんな時、フランス料理にしても懐石料理にしても、高齢者の胃袋に合わせてポーション（1人分）が半分くらいのメニューを出せば、絶対に受けるでしょう。日本人は創造性に乏しい代わりにまねするのは得意だから、それが一度はやり出したらすごい勢いで広がるとみます。

実は、セブン-イレブンにはそのような食品が並んでいます。いち早く、おひとり様用の総菜を売り出したのです。日本でセブン-イレブンを立ち上げたことで知られる鈴木敏文氏（セブン＆アイ・ホールディングス元会長）自身が高齢だったのでこの点に気づいた。そして、「このような商品を作れ」と命じたのです。

高齢者がしっかり財産を持っている今、そのニーズが分かっているかどうかが事業に大きな影響を与えることを、経営者は肝に銘ずべきです。

アリとキリギリスは逆転した

先ほど言及した少量のおかずなどをコンビニで売り出した鈴木氏と20年ぐらい前に対談したことがあります。鈴木さん曰《いわ》く、1990年代に消費と生産が逆転したとのことです。生産性を上げなければ社会は発展しないという考え方で、人類は産業革命以来、生産性を上げることに血道を上げてきました。しかし、もはや人口は増加するどころか減少しています。生産量がどんどん上がっていくのに対し、消費が追いつかない世の中になってしまったのです。つまり、不況は生産性が伸びないからではありません。

日本では、1990年代の半ばから消費不況が続いているにもかかわらず、生産性を上げなければならないという〝生産性神話〟に取りつかれている経営者やエコノミストがあふれています。消費が落ち込み、生産がだぶついている状態から脱せずにいます。需要が低迷し、供給が過剰になっているのですから、生産性を上げるほど景気は悪くなる。それなのに消費自体を増やさなければならないという発想の経営者はほとんどいないように見受けられます。

生産性を上げても従業員の賃金は上げない。消費を喚起するのであれば、賃金を上げた方がいいに決まっている。消費に対する意欲が生まれるからです。

実は、生産をしないで消費だけをしてくれる高齢者は〝神様〟なのです。しかも、今の高齢者はお金を持っている。有名なイソップ童話「アリとキリギリス」は読み替えないといけない。これは、将来に備えることの重要性を説いた寓話ですが、今は違う。真面目に働いていたアリは幸せを知らないまま、ボケて死んでしまいました。ところが、キリギリスは食べ物があふれているのでそれをせっせと食べて、一生元気で楽しい生涯を送りました、というふうに読み替えないといけない時代なのです。

世の中にパラダイムシフトが起こっていることに気付いていない経営者や政治家、官僚を信じてはいけません。

スティーブ・ジョブズの功績

海外の経営者の方が百倍マシです。消費が足りないことが分かっているから、従業員の給料を上げてさらに儲《もう》けている。テレビを見ていると、ニューヨークの食料品やレストランがめちゃくちゃ高額だと騒いでいます。円安もあり日本人旅行客は大変ですが、アメリカ人は日本人よりはるかに高い給料をもらっているのでそれでも暮らしていけるのです。

スティーブ・ジョブズ氏はアップル社を創業して、iPhoneなどの製品を世に出したことに対して評価が高い。私は彼の最大の功績は、アメリカ人のマインドを変えたことだと思っています。私は1991年から1994年までアメリカに留学していました。その頃の貧乏なアメリカ人は、安くないと物を買いませんでした。

当時の日本では15万円ぐらいの画質がいいビデオデッキが盛んに売り出されていたのですが、アメリカに行ったらどこにも売っていない。もっと低価格（200ドルくらい）で低画質のビデオデッキが売れ筋でした。日本では3万円ぐらいで売っているウォークマンも、アメリカでは数十ドルの類似品が売れ筋。日本で25万円するビデオカメラなど、アメリカ人は誰も持っていませんでした。でも、1000ドルまで下がると急に売れ出した。つまり当時のアメリカの経営者は安くないと買ってくれないと考えていたわけです。要するに、人々が貧乏だったり、お金を節約したりすると新しい製品が開発されない。これでは、進歩しないなと痛感しました。

しかし、ジョブズ氏の登場で変わりました。アップル社のパソコンもそうですが、特にiPhoneはどんなに高くても商品が魅力的なので売れるようになったのです。アメリカ人に、値段が高くても高品質のもの、自分の生活を快適にしてくれるものなら買うべきだというマインドを吹き込んだのが彼なのです。同じ頃、IT企業を中心に給料が大幅に上がる給与革命が起きて、アメリカ人が急に豊かになり消費力がアップしたのです。

それ以前にもう一つ好例があります。自動車王と呼ばれたヘンリー・フォード氏。安価ながら高性能のT型フォードを作った人で、それまでの自動車の価格相場を3分の1に下げたから爆発的に売れ、アメリカにモータリゼーションをもたらしました。ベルトコンベヤーを使って車を大量に作ったことばかりが有名ですが、意外に知られていないことがあります。彼は短期間のうちに従業員の給料を2、3倍に上げたのです。そうすると他社もまねをし出した。つまり物の値段を3分の1に下げて賃金を2倍に上げたら、値段は6分の1に下がったことになります。だから、購買力が格段に上がり、車を買える人が大量に生まれたのです。

要するに、ものを売りたいときには賃金を上げるのが当たり前なのです。今、日本がそれをできていないのは決定的なミスではないでしょうか。結果、2023年には、韓国に1人当たりのGDP（名目国内総生産）が抜かれているわけです。日本の政治屋や産業界の連中は、石破茂首相が2020年代に最低賃金を時給1500円に引き上げると言い出したため議論していますが、その程度かと情けない限りです。

高齢者市場をつくろうとしない愚

高齢者市場はまだまだ開拓の余地ありです。

最近、ニュースを見ていて気づいたことがあります。ウクライナは今、たった500ドルのドローンでロシアを攻撃しています。ドローンに重さ3キロ程の爆弾を載せ、40キロメートル先のロシアの基地を正確に攻撃している。

これを戦争ではなく、高齢者の生活のために役立てられないかと思いつきました。兵器ドローンを500ドルで製造できるのであれば、体重60キロの高齢者を乗せられるドローンだったら1万ドルぐらいで作れるのではないでしょうか。最先端の〝タケコプター〟みたいなものです。そうすると、高齢者は歩いたり、車を運転したり、公共交通機関を利用したりせずに楽に外出できるようになる。40キロの距離なら東京からだと横浜ぐらいまで行けてしまう。今は難しいかもしれないけれど、10年先を考えればリアリティーがあります。

2025年に開催される大阪・関西万博。1970年の大阪万博は未来を見せてくれました。今回の万博は、「人類共通の課題解決に向け、先端技術など世界の英知を集める」をスローガンに掲げています。にもかかわらず、10年後の高齢者はこんな幸せな生活をしている、といったことを提案する発想は全く見当たらない。「空飛ぶタクシー」とかぶち上げて2億円ぐらいす

る乗り物を作っても、たった4台しか飛ばないのであれば、ほぼ誰も乗れません。汎用性がない。それより、高齢者のためのドローンをいっぱい作ればいいのに……。大阪・関西万博を企画した人たちは、高齢者の生活と未来を結びつける想像力が欠如していると思います。

テレビの番組も同じです。今、高齢者向けの番組にはろくなものがありません。先述した通り、高齢者向けの番組にスポンサーがつかないからです。ところが、テレビをよく見る高齢者向けに質の良い番組を作れば視聴率は確実に上がります。さらに高齢者が喜ぶような商品を作って、そのような番組のスポンサーになれば、しっかりPRができ、結果、商品が売れ、会社は儲かる。高齢者が人口の3分の1を占めようとしている今、このようなことは十分にあり得ることなのです。さらに、高齢者に目を向けることは、ただ儲けるだけではなく超高齢社会への貢献でもあり、世の中を進歩させることにつながるはずなのです。しかし、企業や経営者はなかなか行動に出てくれない。残念なことです。

先端技術を高齢者の生活の支えに

認知症については悲観的な話が多いけれど、これも視点を変えればビジネスに直結します。軽度の認知症の人向けであれば、例えばカメラをつけて、ドライブレコーダーのように行動を記録する腕時計はどうでしょうか。認知症の人は、財布や鍵をどこに置いたかを覚えられない。捜して見つからないと「盗られた」となってしまうのですが、腕時計の〝ドラレコ〟が、「昨日何時何分にあなたは鍵をここに置きました」「お金はあそこに置きました」と場所を教えてくれるようにする。そのような腕時計だったら今すぐにでも作れるのではないでしょうか。

この腕時計を冷蔵庫と連動させたらもっと役に立ちます。認知症の人は買い物に行くといつも同じものを買ってくることがあります。スーパーでトマトを買おうとした時、「冷蔵庫に5個入っています」と腕時計が教えてくれれば、そんなことは防げる。迷子になっても腕時計が自宅までナビゲーションしてくれるような機能も搭載したらいい。このような認知症の人の生活をサポートするIT技術を使った機器がどんどん開発されるようになれば、軽い認知症なんて怖くなくなります。

また、高齢者が交通事故を起こした時、「高齢者には運転させるな」「免許を取り上げろ」とメディアは糾弾します。自動車メーカーは、高齢者でも事故を起こさない車を開発しようとするのが当たり前の発想ではないでしょうか。ところが、日本の自動車会社がそれをせず、円安で儲けているだけです。合併で大きくなろうとするのも、生産性神話にとりつかれているだけとしか思えません。スウェーデンの自動車メーカー・ボルボは、高齢者の運転行動を調べ、それに対応した装備の開発を進めています。なぜ、日本の自動車会社はこのようなことに向き合わないのでしょうか。でも、ボルボが作っているような車が売れ始めれば、日本の経営者も慌てて後追いする。普及するのは間違いありません。

もう一つ、これから高齢者の心と懐をがっちりつかむと推測されるのは、介護ロボット。厚生労働省が開発・実用化を支援していますが、特に力を入れるべきは在宅の高齢者用です。料理を作ってくれるし洗濯もしてくれる。風呂にも入れてくれる。生成AIを組み込めば、話し相手にもなってくれる。場合によっては買い物にも行ってくれる。「今日の晩ご飯を買ってきて」と言ったら、メニューを考えて材料を揃えてくれる。外出にも付き合ってくれる……。

昔のロボットはいかにも機械然としていましたが、将来の介護ロボットは違う。介護される人が大好きな往年のスターを3Dプリンターでコピーして（肖像権の許諾が必要かもしれませんが）、そのスターのルックスも声もそのままに、まるで人間みたいなロボットです。1体2000万円ぐらいでできるでしょう。とても高価に感じるかもしれませんが、それさえ1台買えば、老人ホームに入らずに自宅でロボットの介護を受けながら生活できるのです。お金を払って介護ヘルパーさんを頼む必要もありません。ほとんど電気代しかからない。そういう時代が今後10～20年の間に来るでしょう。そのようなものにお金をかければ、幸せな老後を過ごせると思いますし、企業側にもぜひ取り組んでいただきたい。高齢者が声を上げればもっと早く実現するかもしれません。世界中で生成ＡＩの実用化が進むことは確実で、こういった技術を取り入れ高齢者の視点に立った製品がものすごい勢いで出てくることを期待しています。

そのような商品の開発のためには、まず企業経営者が高齢者を意識して発想することを求めたい。若者より高齢者のほうがお金を持っているのに、なぜそこに目をつけないのか私には不思議でなりません。

「高齢者はお金を使わない」と不況の元凶のように言われます。何も高齢者は好んでお金を貯め込んでいるわけではないでしょう。それは買いたいモノやサービスがないことが最大の要因です。今の高齢者は、高度成長期から「ジャパン・アズ・ナンバーワン」の時代を生き、前期高齢者だとバブル経済を経験している。現役時代に質の高い衣食住を享受していた世代なのに、今提供されているモノやサービスは旧来の「高齢者」のイメージから抜け出せていないというギャップがあるのです。

また、「お金を使わない」という思い込みが、高齢者のニーズを的確にキャッチし先端技術を取り入れたモノの開発に至らない。結果、高齢者にお金を使いたくなくさせるのです。高齢者が飛びつきたくなるようなモノ、老後の生活を快適にしてくれるサービスがもっと出てきたら、間違いなくしっかりお金を使うでしょう。高齢者がお金を使うようになれば世の中は変わるのです。

高齢者自身も頭を切り替えよう

高齢者自身にも価値観を転換してほしいことがあります。日本には「働かないで消費することは恥」「年寄りは年寄りらしく、おとなしくしていればいい」という前時代的〝道徳観〟がいまだにはびこっているように思えます。

例えば、「退職金が入ったから若い頃からの夢だったポルシェを買おう」と決心してもなかなか踏み出せない。周囲からひんしゅくを買うだろうと躊躇してしまう。メディアでは、事件や不祥事を起こした人が「スポーツカーを乗り回し……」と描写されるように、高級車を〝乗り回す〟のはいけないことのような雰囲気があるのではないでしょうか。流行を取り入れたファッションをすると、「若づくり」とか「年がいもなく」と陰口をたたかれる。

そんなことは、全く気にする必要はありません。自分のお金で何をしようが自分の自由だと、発想を転換することです。**お金を使うほうが、人は元気になります。**高齢者も同じです。お金を使って、積極的に行動する、前向きに楽しもうとするのは、身心の老化スピードをダウンさせます。何より、楽しむことは自らの免疫力を上げるので健康長寿につながります。旅行であれ、会食であれ、芸術であれ、好きなことをすること、新たなものに出合うことは脳を刺激するので、脳の老化、ボケを遅らせます。ある意味、いいことずくめなのです。

従って、財産は残すものという古い考えを取り払い、自分で蓄えた財産で楽しい思い出を作ったほうが絶対にいい。そうすれば、人生の最終章を後悔せずに心豊かに過ごすことができるのです。

先に強調したように、財産をめぐって子どもたちが「争族」することも避けられます。

「いい年をして」「年がいもなく」は、高齢者を縛る呪いの言葉と考え、断固拒否して、自分の欲望に忠実にお金を使ってほしいのです。あなた自身の健康長寿につながるだけでなく、消費不況で低迷する日本経済や旧来型の価値観を変えることにもなります。

同調圧力に抗する

拙著『和田式　老けないテレビの見方、ボケない新聞の読み方~認知症を先送りさせる前頭葉刺激習慣のすすめ』で、私はテレビの罪の一つとして多様性のある意見に欠けているということを挙げました。日本の地上波のチャンネルは、多い地域でも民放系列5局とNHK、独立局で構成されています。しかも伝える内容はみんな似たり寄ったり。新型コロナウイルス感染症対策一つをとっても、「自粛して家に閉じこもっていろ」「マスクをしない人は他人に迷惑をかける」と呼びかけるものばかりでした。

コロナ禍で「同調圧力」という言葉が一気に広まり、法律でもないのに他人に対して大勢に従えという、脅迫的ともいえる押し付けが広まってきたように感じます。テレビをはじめとするマスメディアはそれに加担した格好でした。結果、この同調圧力は、思考や行動の自由を奪ってしまいます。

世間の目を気にして周囲の意見や行動に合わせざるを得なくなるのですから、自分の頭で判断して、行動するといったことができなくなってしまう。子どもに財産を残すのは当たり前、年寄りはおとなしくしていればいい、流行を追ったファッションなんてとんでもない、というようなことも同調圧力的なものでしょう。そんな風潮を無視して自由に行動する人は、非難さえされてしまいます。


これまで私はボケないよう、意欲、思考や創造性、感情のコントロール、コミュニケーションをつかさどる前頭葉を鍛えることが必要だと説いてきました。今高齢者となっている60代、70代の人は、高度成長期やバブル期を経験し、それまでの古い価値観にあらがい、自由な生き方を追求してきた人たちも多いはずです。

リタイア後の人生後半でも、同調圧力に負けずに、古い価値観を乗り越えて行ってほしいと思います。長く多くの高齢者を見てきた私からすると、少しくらい体が不自由になったりボケたりしても、「自由気ままに生きているな」と思う人がたくさんいます。世間の同調圧力なんて気にせず、「年寄りはかくあるべし」にも縛られていません。そのほうが自由になれます。自分が自由かどうかは、正直に内面と向き合って「幸せ」と感じるかどうかです。義務とか責任、常識、世間の目から抜け出して、心が解放された時、幸せな時間を迎えられるような気がします。

そして、自由に生きることで「健康長寿」の期間が延びる。ボケの先送りができる。そのことを次章で解説します。

第3章

ボケないお金の使い方

自分の幸せを優先すると免疫力が高まる

お金を使って思い出を作る、コトにお金をかけることは免疫力を高め、ボケを遅らせます。なぜか。これまで他の著作でも力説しましたが、ここは改めてぜひ、押さえておいていただきたい。

まず、免疫力。日本では死因のトップはがんです。米国の場合は、心筋梗塞などの心疾患。がんは年をとればとるほどできやすくなります。なぜなら、人間の体は常に細胞分裂を繰り返していて、若いほど細胞はきれいに再生されますが、年をとるほど細胞分裂をする際のミスコピーが増えてくる。ミスコピーされた細胞が増殖していくと、本来自分の体内にはなかった細胞が増える。その一部が「がん」といわれる細胞です。

しかし、人間の体には、外部から来た異物から身を守ってくれる機能「免疫」が備わっています。その働きをするのが免疫細胞。中でも、がん細胞など体内でできた異物をいち早く認識して攻撃し、除去してくれるのがＮＫ細胞（ナチュラルキラー細胞）です。ＮＫ細胞は、「笑い」や「快体験」で活性が高まる一方、ストレスやうつ病で活性が落ちることが分かっています。楽しい、面白い、うれしいといった体験は、がん対策に有効なのです。従って、「争族」などお金をめぐる問題でストレスをためるのは体に悪い。**お金を自分の楽しみのために使うと免疫力が高まり、健康寿命が延びる**というわけなのです。

「変化」で前頭葉活性化

次に、一番大切な前頭葉の話です。脳の大部分を占める大脳は、前頭葉、頭頂葉、側頭葉、後頭葉に分かれています。前頭葉は、おでこの裏側から頭頂部にかけて位置し、大脳の40％を占め、意欲や思考力、創造性や集中力を高め、コミュニケーションをつかさどっています。また、感情をコントロールし、変化への対応を柔軟にするなど、「人間を人間たらしめている」重要な役割を担っています。

私は28歳の時に本格的に老年医学の道に足を踏み入れ、膨大な数の高齢者の脳のＣＴやＭＲＩの画像をチェックしたり、亡くなった人の脳の解剖結果を見たりしてきました。結果、脳の中で最初に老化が始まるのは、前頭葉であることが分かりました。従って、脳の老化を遅らせるためには、前頭葉を鍛えることを常日頃から意識すべきなのです。前頭葉の機能が不全になると、「知らないことは受け入れたくない」という現状維持の心理的傾向が強くなり、行動がワンパターンに陥ります。

この点に関して、私がよく「要注意」と指摘する行動があります。

▽外食はいつも決まった店でする
▽同じジャンル・テーマや同じ作家の本ばかり読む
▽ジョギングやウォーキング、散歩はいつも同じコースでしかしない
▽ヘアスタイルやおしゃれに気を使わなくなった

です。これらに一つでも思い当たることがあれば、前頭葉がうまく働いていない状態と考えていいでしょう。年をとればとるほど、日々を無難に過ごしてしまいがちです。でも、前頭葉は想定外のことが起きた時に、その変化に対応しようとフル回転します。今まで出合ったことがないことに遭遇した時、ハラハラドキドキで活性化するのです。従って、脳、特に**前頭葉の老化を遅らせるためには「変化」を求め、対応することが重要**です。

それにはどうすればいいか。ワンパターンにならずに新しいことにどんどん挑戦することです。「やってみないと分からない」の精神で、「想定外」のことを意識的に求める。そして、同調圧力に屈せず、マジョリティーが言っていることが正しいとは限らないと疑問を呈し、自分の頭で考えることです。そして、それらのために、お金を使ってほしいのです。

例えば、旅行。「行ってみないと分からない」と、これまで行ったことのないところに出かけてみましょう。時間はたっぷりあるはずです。旅先には「想定外」がいっぱい詰まっているはずです。ツアーではなく、自分で想像をめぐらし日程や旅先で行きたいところを考えれば前頭葉が鍛えられます。

また、一気にアクティブになれないのであれば、定期購読している新聞を他紙に替えてみるのもいいかもしれません。雑誌を新たに定期購読してみるのもよいでしょう。情報源が刷新されることで、これまでの自分になかったものの考え方やそれによる新たな発見が生まれ、前頭葉にいい刺激となります。

ところで、前頭葉の機能が老化すると、自分の感情を外に伝える行動、つまり「アウトプット」が苦手になります。失語症の症状で「運動性失語」があります。これは、言いたいことがあっても言葉にできない状態で、前頭葉の損傷で起きるとされています。前頭葉がアウトプットをつかさどっている証左です。従って、前頭葉を鍛えるためにはアウトプットを意識すること

が重要なのです。インプットした知識をもとに自分でいろいろ考え、そして発信する時にこそ前頭葉は活性化するのです。

実は私は、お金を使うことは、非常に有効なアウトプットだと考えています。このことについては後述します。

減薬のススメ

もう一つ押さえておいてほしいのが、薬についてです。医師の処方で薬をたくさん飲んでいる方は多いと思いますが、ちょっと待った、です。

日本人の死因トップががんであることは先述しましたが、2番目は心疾患です（2023年 厚生労働省人口動態統計月報）。心疾患を引き起こす動脈硬化の主な原因は、喫煙、高血圧、高血糖とされています。読者の皆さんの中には、血圧、血糖値、コレステロール値をコントロールするために薬を飲んでいる方が多いのではないでしょうか。薬で血圧や血糖値などを下げるのは、将来、脳梗塞や脳出血、心筋梗塞になるリスクを減らすためでしょう。

しかし、薬で血圧や血糖値を「正常値」まで下げると、体がだるくなったり、ぼーっとしたりすることがよくあります。コレステロールを下げる薬も、動脈硬化を抑え、心筋梗塞のリスクを下げるとされてきましたが、最近、否定的な見解も示されています。一方で、この薬は同時に男性ホルモンを減らし、結果、ＥＤ（勃起不全）になる人もいます。また、がんになりやすくなるのです。

体がだるくなったり、ぼーっとしたりすると、どうしても出歩くのがおっくうになり、活動性がにぶります。そうすると、筋肉が衰え、身体の老化が進みます。外出しないと、脳への刺激が少なくなり、老化が進行します。要するに、薬を飲むと「しょぼくれ老人」になってしまう可能性が高いのです。従って、現在、薬を服用して何か副作用があり、日常生活を快適に送ることができないのであれば、我慢して飲み続ける必要はありません。

全ての薬を飲むのをやめろとは言いませんが、**日常生活に差し障りがないレベルに減薬したほうが身体や脳の老化防止にはプラス**です。

私は、今年で前期高齢者になります。自慢にはなりませんが、血圧、血糖値、コレステロール、中性脂肪の値は全てかなり高いです。血圧は薬を使って１７０㎜Hgぐらいにコントロールしていますが、一般的な数値より高い。それより下げると頭がフラフラしてかえって調子が悪くなるからです。血糖値も３００㎎／dlありますが、なるべく薬に頼らず、散歩やスクワットで下げるようにしています。その方が肉体にもよいし、脳にもよいからです。

年をとったら、長くない老い先の病気を心配して生活に支障を来すような薬を飲むより、生活の質を重視して今を快適に過ごすことを第一に考えるべきだと思います。要するに、**薬より外出**です。

前頭葉を鍛えるためにお金を使う

認知機能の低下を防ぐということに関し、以前より「脳トレ（脳トレーニング）」が注目されています。クロスワードパズル、漢字クイズ、数独、折り紙、塗り絵、間違い探し……。好きでやって、楽しければいいですし、知能を維持することにはつながるでしょう。でも、実のところこれらの脳トレはボケ予防という観点からは、ほとんど意味がないのです。

米アラバマ大学のカーリーン・ボール氏が２８３２人の高齢者を対象に行った調査で、「言語を記憶する」「問題解決能力を上げる」「問題処理能力を上げる」といった脳トレをしたところ、練習した課題のテストの点だけは上がるものの、他の脳機能への波及効果はないことが分かりました。要するに、数独を続けていれば、数独はできるようになるけれど、生活の中で物事を正しく理解・判断し、適切に実行する認知機能を向上させるトレーニングには全くなっていませんでした。**いわゆる脳トレは、前頭葉を鍛えるものではない**のです。

では、どのような脳トレが認知機能に有効なのか。私の経験で言うと、最も効果が高く手軽なのは、人とのコミュニケーションです。世界的に有名な医学雑誌『ランセット』では、認知症の3番目に高いリスクとして「社会的な交流の不足」を挙げています。つまり、「人付き合いをしないと認知症になるリスクが高まる」ということです。

人と会話をする場合、想定外の相手の反応に対応しなければなりません。会話を続けるために、「次はどんな話をしよう」と話題を探したり、相手の気持ちをおもんぱかったりしなければなりません。「変化に対応する」がつまっているのです。こんな時、前頭葉はフル回転します。

従って、**人付き合いについてはお金を惜しまないほうがいい。**老後の過ごし方を説く本に「夜の付き合いは全て断る」とかありますが、私は反対です。もちろん嫌な人とは付き合わなくてもいいですが、親しい人、会いたい人に誘われたら積極的に出かけましょう。そこで日頃考えていることをアウトプットする。新しいお店に行けば「想定外」に出合えます。全国のおいしいもの、珍味を自宅に「お取り寄せ」してワイワイやるのもいい。ガツンと高いものをふるまえば、気分も上がるというものです、

このような人とのコミュニケーション、特に会話に際して私が特にすすめるのは、相手を「褒める」ことです。褒めるには、相手の話をよく聞いたり、相手の表情を観察したりして、褒めるところを発見しなければなりません。それを表現する適切な言葉を考え出さなくてはなりません。自分の頭で考えてアウトプットをせざるを得ないのです。

さらに、褒めたことがズバリはまって相手が喜んでくれれば、褒めた側もいい気分になり、脳内で「幸せホルモン」と呼ばれる神経伝達物質のドーパミンが多く分泌されます。

日本人の悪い癖で、「初めまして」の人だと遠慮して、言いたいことも言わないでいる

ことがよくあります。とくに高齢になるほどその傾向は強まります。ですから、数は少なくてもいいので何でも言える友達をつくっておき、時々会って話をすることを心がけて下さい。お茶の一杯、ケーキの一皿でもごちそうしたら、次は私が、となって楽しいお付き合いがずっと続くと思います。

「決める」ことの重要性

お金を使うことは、前頭葉にとって大きな刺激につながると思います。お金の使い方には人の個性が表れます。あまり経済的余裕がないのに、「これ欲しい」と思った服や雑貨、小物を次々と買ってしまう人もいるでしょうし、お金はたっぷり持っているのにインターネットであれこれ調べて一番安いものを買うという人もいます。かなりお金を持っている私の知り合いは、帽子につける首紐をネットで散々探して100円だったと喜んでいました。スーパーで買い物をする時も、他の店のほうが安いかもと悩む人もいるでしょう。

お金を使うという行動には、その人が今までの人生で培ってきた価値観が反映されるわけです。どのようなものを買うかの前には、「どのようにお金を使うか」で、頭の中をクルクルと回転させているのです。**買い物は、想像力や企画力、計画力、そして決断力が問**

われる極めて創造的な行為なので、頭を使う格好の機会と考えて下さい。

たまたま入ったお店で、すごく素敵な器を見つけたとします。一目見て「欲しい！」と思って値段を見ると、結構値が張っている。「家にはいっぱい食器はあるから必要だろうか」とか「この食器に見合う料理なんて作ることないかも」とかいろいろ考えてしまうでしょう。いったん冷静になって考えてみようと、結局購入を決めることができずに断念して帰ってきてしまうことはよくあるのではないですか。すると、手に入れていたら開ける新しい世界への展開はないのです。

もし買っていれば、この器に合うような料理に挑戦してみようとなるでしょう。あるいは、その器を披露するために、ホームパーティーを開こうと考えるかもしれません。気に入ったものを総合的に判断し買うと決め、実際に買って使う。楽しさは広がり、この過程がもたらす喜びは計り知れません。脳を老化させないためには、このような前向きな思考プロセス、そして前頭葉を強く刺激する「楽しみ」や「喜び」が欠かせません。

一方、「欲しい」という気持ちを抑え続けると、代わり映えのしない日常が続き、老化へのアクセルを踏み込む結果となってしまいます。バカ高い品なら我慢も必要でしょうが、ちょっと背伸びするくらいの値段で欲しい気持ちが強ければ、踏み込んでみたい。モノを買うことが、新たな「コト」を生み出すのなら、それはよい買い物です。高齢者が現役の消費者であり続けることには脳の老化との関係性において深い意味があるのです。

料理にチャレンジ！

料理の話が出たので付け加えると、料理をすることは、前頭葉をとても活性化させます。メニューを考え、材料を揃えて、調理手順を算段しなければなりません。手先も使います。味付けや火加減なども調整しなければならないし、食器も選ばなくてはならない。脳をいろいろ働かせるので、**料理は手軽にできる格好の脳の老化対策**です。

日常的な食料品は、車やファッションに比べれば相対的に値段が安いので、消費のハードルは低いといえます。現在、食料品の値段が総じて高騰していますから、そうは簡単にいかないかもしれませんが、食料品の値段の動向をウオッチしてコスパを考え、さらにどのようなレシピでおいしいものを作るのかをあれこれ思案する、これは脳のトレーニングになります。また、使用したことのない食材や料理に敢えてチャレンジするのもかなりおすすめです。

男性は現役で働いている時、全く料理をしたことがないという方は多いことでしょう。会社を辞めた後、家にへばりついて妻が食事を作ってくれるのを待っているだけというのは、嫌がられるだけです。新しい世界に踏み出すということで、料理に挑戦してみてはいかがでしょうか。もし、家族の誰かが寝たきりになって、自分以外に食事の作り手がいなくなった時にも役立ちます。現役時代から料理が好きで、休日には餃子やカレー作りに腕を振るっていたという人は、定年後は料理の頻度を増やす。得意でない人であっても、時には高い和牛のステーキ肉でも買ってローストし、ちょっといい赤ワインとともに家族にふるまう。簡単ですし「パパ株」も上がるというものです。

質の高いコンテンツは脳も喜ぶ

前頭葉にとって最もよい刺激になるのは、単純で「楽しい」と思えることをすることです。しかし、年を重ねると若い頃より強い刺激でないと反応しないということがあります。例えば、若い頃、初めて見た東京タワーに感激したような人も、年をとってからだとぴんとこないというようなことです。年をとるということは、経験知が増加することでもあります。目が肥え、耳が肥え、舌が肥えるのです。

従って、高齢者にとって「強い刺激」というのは、「質が高い」「レベルが高い」ということに通じると思います。

お笑いがいい例です。若い頃は「箸が転んでもおかしい」と言われますが、年をとってくると箸が転んだぐらいでは笑えません。今のテレビのバラエティー番組に出ているひな壇芸人のトークやコメントは「話芸」というのがはばかられるほど。高齢者が聞いても何がおもしろいのか分からず、ほとんど笑えないのではないでしょうか。

これは高齢者の感覚が古くなったからではありません。「箸が転んでもおかしい」若者しか笑わせることができない芸人のレベルが低いからです。若者に合わせ、そんな世の中に迎合する必要は全くありません。

私の娘が中学生の時、大阪へ旅行に行き、せがまれて「なんばグランド花月」に一緒に行きました。吉本興業が運営し、漫才、落語、新喜劇を上演する劇場です。客は60代、70代、80代の人たちがほとんど。みんなゲラゲラ笑っていました。私の娘はどうかというと、お年寄り以上にゲラゲラ笑っている。本物の芸は、若い人から年寄りまで笑わせることができる。これが、「質の高い」ということだと思います。

私は、日本一の漫才師を選ぶ「M-1グランプリ」の審査員は、全て80歳以上の人にすべきだと思う。そうすれば日本のお笑いの質を高められるのではないでしょうか。超高齢社会の日本、若者だけに迎合していては、芸というものの質は保たれません。

お笑いであれば、寄席がおすすめです。**本物の芸は、脳が喜びます**。また、がん細胞を殺してくれるＮＫ細胞は、笑うことで活性化します。ぜひ、「質が高い」芸に木戸銭という〝投資〟をして下さい。

映画、音楽、演劇などの芸術においても質が高いものにお金を使って下さい。これまで経験したことのないレベルの高いものに触れると、脳への刺激は高まります。

海外から招かれた歌劇場のオペラなどは、１席７万円もすることがあります。しかし、実際に見ると、まったく惜しくないと思うのです。むしろ海外に見に行くよりずっとお得です。「財産断捨離」して積極的にヨーロッパのオペラ劇場を回るというのも無論ＯＫです。いい思い出として深く心に刻まれることでしょう。

「質が高い」というのは、あなたという個人にとって「本物のコンテンツ」であるかどうかという意味です。チケット代が高ければレベルが高い、メディアで絶賛されていれば質が高いというわけではありません。どのような芸術カテゴリーでもいい、自分にとって、「これだ」という本物を見つけて下さい。幸い時間はたっぷりあるでしょうし、人生経験も豊

富です。一か八かの「投機」ではなく、「本物」を見極めるために「投資」するのです。

質の高い芸術を求めて外出することには、プラスアルファのよい点があります。私がお年寄り相手の医者をやっていてすごく感じるのは、診療の際、意外といっては少々失礼ですが、皆さんちゃんと外行きのスタイルで来られることです。自分が「本物」と確信した芸術に触れる際には、なおさらスタイルに気を使うことでしょう。お化粧をしたり場にふさわしい新しい服を買ってみたりしようという気になるのは、脳が活性化している証しです。

旅行は「想定外」の宝庫

先にも少し述べましたが、旅、とくに行ったことのない場所に旅行に出かけるのは、ボケの先送り、前頭葉への大きな刺激になります。これまで経験していないこと、予測不能なことに対処した時、前頭葉は働くので、旅行はボケ予防のためにも格好のお金の使い道です。

若い頃は旅行をするとなると、仕事との兼ね合いで休暇を算段しなければならず、制約があったはずです。年をとってリタイアすると、そんな気遣いは無用、いつでも好きな時に旅に出られます。

旅行は、お金がよりかかるかもしれませんが、パッケージツアーより個人旅行がおすすめです。準備する段階からいろいろ調べ、交通経路を決め、チケットや宿泊施設を予約せねばなりません。決められた日時に決められた場所に集合すれば、連れていってくれるのとは違う。目的地に着いてからも、ガイドさんの後についていくのではなく、自らどこに行くかを決めて行動することになります。それは「想定外」の宝庫です。脳をかなり回転させなくてはなりません。大変だと感じるかもしれませんが、時間はたっぷりあるし、パッケージツアーに比べ自由度は格段に高い。

若い頃、バックパッカーで細かいことは決めずに行き当たりばったりの貧乏旅行をした方もおられるでしょう。年をとったらバックパッカーは卒業。自分で稼いだお金で、ぜいたくな放浪旅、再びです。

もし、そのような個人旅行はハードルが高いと感じるのなら、パッケージツアーでも自

由行動の時間が多めのツアーを選び、手軽さと自由な気分の両方を得る、という手もあります。いずれにせよ、旅行への投資は元気なうちに絶対に検討してほしいと思います。

ところで、「楽しさ」でいうと、私は年をとってからの旅行の方が若い頃に比べて楽しく感じるのではないかと思います。

例えば、佐渡島に行く。何も知識がないと、「これが有名な金山か」とか「珍しいトキを見たぞ」で終わってしまいますが、佐渡島の歴史やトキの保護活動を知っていれば、より感動できるのは間違いありません。これは経験知がなせる業です。

脳にはレファレンス機能があって、過去に得た知識を引き出して比較対照したり同定したりすることで、喜びが増すと私は考えます。年をとると、それまで蓄積され比較対照する知識や情報量は若い頃より多いので、旅の楽しさも倍増するのだと思います。

もちろん、旅行前に一生懸命、行く先について調べ掘り下げるのも、大いに結構です。より感動できて、ドーパミンの分泌が促されます。感動したり、すごく楽しんだりできれば、誰かにそれを伝えたくなるでしょう。「アウトプット」への道も開けます。

2020年に『日本公衆衛生雑誌』に載った「高齢者の趣味の種類および数と認知症発症」という論文があります。千葉大学などの研究者が、約4万9705人の要介護認定を受けていない高齢者を対象に、趣味の種類・数と認知症発症の関連について、約6年間追跡したものです。これを分析した結果、**旅行を趣味としている人は男女ともに認知症発症率が低かった**のです。

論文では、旅行について、

▽社会的活動と身体的・精神的な維持活動の両面を持つ活動だと考えられる
▽計画力を鍛える効果が期待でき、エピソード記憶を刺激することができると考えられる社会的レクリエーション活動である
▽旅行をきっかけに、外出頻度や交流が多くなることが効果的な予防になると考えられている

と分析しています。

「見た目」にお金を使う

人とのコミュニケーションや外出、旅行が前頭葉によいと私が強調するのは、おしゃれやファッションにも気を使うようになるからです。なぜでしょうか。

私の35年に及ぶ高齢者の臨床経験では、同じ年齢であれば**見た目が若々しい人のほうが**

長生きします。**認知症の人でも見た目がおしゃれな人は、進行が遅い。**年をとっても「見た目が9割」。若い人とは意味は違いますが、見た目が若い高齢者は、おしゃれやファッションに意欲的。そのために体や脳を使うので、老化を遅らせることになるのです。

心理療法の一つに「行動療法」というのがあります。ベースには「行動が心の在り方を決める」「行動を変えれば、心も変わる」という考え方です。これは60代、70代の老化防止にも当てはまります。

どっちが先かという話ではありますが、これも私の経験からいうと、鏡に映る自分の姿が若返ると、意欲が湧き、外に出たい、人に会いたいという気分が増します。そして老化にブレーキがかかります。

また、精神神経免疫学では最近、外見を若々しくして心も若返ると、免疫機能もかなりの確度で高まることが分かってきています。免疫機能は、誤嚥《ごえん》性肺炎や新型コロナウイルスに対抗するため、特に高齢者にとっては重要な機能です。反対に、がんになるのは、免疫機能の老化によって出来損ないの細胞ができてしまうからです。**見た目の若返りは、免疫力アップにも効果的**なのです。食べ物や睡眠に気を付けている方はおられるでしょうが、見た目も大事なのです。

若返りで一番簡単なのは、まずは、化粧や白髪染め。老人ホームなどでメイクイベントを開催して、入所者にきれいにお化粧をしてあげると、見違えるように元気になる人は珍しくありません。

最近、グレーヘアがはやっていますが、今の高齢者はまだ、「白髪イコール年寄り」という見立てでしょう。知人の認知症の母親は、白髪が伸びてくると非常に気にして、「年寄りになったから仕方ないか」と悲しそうな表情をみせるそうです。ところが、家族が美容院に連れていき髪を黒くつやつやに染めてもらうと、表情も変わった。朝、鏡の前でうれしそうに髪の毛をとかし、メイクもしている、とのことです。

白髪染めやカラーリング剤を買ってきて自宅で染めるのもいいですが、やはり美容院に出かけてみてはどうでしょうか。カラーリング、カット、ブロー、トリートメントだと2万円近くかかるかもしれませんが、ぜいたくな気分を味わえて老化防止につながります。

もし、身支度を整え、おしゃれをして出かけるのがおっくうになってしまったとしたら、その人は要注意です。ちょっとした場に行くのにも服を考えるのは面倒だから、いつも同じ服を着てしまうというのは考え直したほうがいいでしょう。おそらく服はたくさん持っておられると思うので、服の「断捨離」を兼ねて、ひとりファッションショーも悪くありません。それで足りないものがあれば、買い物に出かけてコーディネートのバリエーションを増やす。これだけで、前頭葉は大いに刺激されます。

過日、高齢の人が多く集まる、割と格式が高い式典に参加しました。みんなスーツを着ており、しゃきっと背筋が伸びて若々しく見えると感じました。格好よくしているので引け目を感じず、いろいろな人と会話がはずんでいるようにも見えました。

一方、別の会合では、ジーンズにセーターのような普段着スタイルの高齢者が多かったのですが、これがなんだか年寄りくさい。会場自体が沈んでいる。普段着で済ませがちな私自身も反省しました。

高齢の男性が背広を着ると若々しく見えるとすれば、女性ならシャネルスーツ、と言いたい。シャネルスーツは、人生経験を積んだ一定以上の年齢にならないと似合わないといわれています。若くしてお金を稼いだからといって着ても、格式や歴史に追いつかず、負けてしまう。でも、喜怒哀楽の人生経験を積んだ人なら着こなせるし、しっくりくると思います。国際的に活躍する地位ある女性や外国の年配の女優さんのシャネルスーツは本当にほれぼれします。

和服も同様です。私は、年をとったら和服を着るのがよいと考えています。着物も中高年以降のほうが、「借りもの」感がなくずっと似合います。着付けが面倒だとたんすに眠らせていたら、思い切ってチャレンジして下さい。着付けにはそれなりの体力が必要です。また、帯や着物、半襟、帯締めや帯揚げをどれにしようかと頭を使わなければなりません。そのような行為がまた、老化防止に役立つのです。お金を払って、人に着付けをしてもらうのもＯＫです。男性も、歌舞伎など芸術鑑賞の機会をつくり、その時に着物を着れば、まず自分の気持ちがハイになる。貫禄が増して注目の的になるでしょう。カジュアルな服で行った時のことを想像すれば分かると思います。普段とは違い、和服を着て出かけるという一連の行動が、前頭葉を大きく刺激するのです。

年をとるほど「見た目」は重要。**化粧やファッションなどのおしゃれにお金をかけることは心を若返らせ、意欲的にさせ、老化を遅らせる**ことを肝に銘じてください。

私は、美容医療の力を借りて外見の若返りを図ることにも反対はしません。これこそ自由診療が基本なのでかなりのお金がかかりますが、思い切って挑戦していいと思います。

新しい自分と出会える可能性があります。ただし、事前にホームページなどで実績や施術内容の確認はお忘れなく。

男性も買い物を楽しむ

サラリーマン時代、仕事の時はスーツ、休日はジーンズやスポーツウエアだったという方は多いのではないでしょうか。ましてや定年後はスーツを着ることはほとんどない。そんな男性が「おしゃれをして若返ろう」と言われても戸惑うと思います。

意を決し、デパートやセレクトショップに出かけて、身に着けるものを一式揃えることに挑んでみてください。パートナーに一緒に来てもらってもいいし、ガールフレンドがいればアドバイスしてもらうのもいい。それが無理なら、店員さんに相談すればいろいろ教えてくれるでしょう。会話もはずみます。

大事なのはケチらないこと。「もったいないから我慢しよう」はダメです。いつもは躊躇するような高価な買い物というぜいたくをした時の方が、気分がハイになって、前頭葉への刺激は増します。さらに、店員にお世辞を言われたりする快体験は、免疫機能を高め、うつ病を予防することにもつながります。そんなふうにしてお気に入りの服をゲットできれば、当然、どこか素敵な場所に出かけたくなるものです。行動範囲が広がり、さらに前頭葉が活性化します。未知の自分との遭遇もあるはずです。

年齢より若く見える人は、老け込んでしまう人と何が違うかというと、「気持ちが若い」のです。フランスのモンペリエ大学のヤニック・ステファン博士が、1万7000人以上の中・高年を追跡調査した結果、**自分が感じている「主観年齢」が若いほど、健康度がアップして、老化のスピードが緩やかになる**ことを突き止めました。

自分のためであれ、家族のためであれ、お金は使えば使うほど幸福感が高まります。お金を使っていると人は寄ってきますし、大切にされます。「自分は社会から認められている」と自己肯定感が高まり、ストレスも減ります。そうすると、免疫機能が高まり、認知症や老人性のうつ病の予防になるのです。

お金を使うのであれば、先述の通り、国内でも海外でもこれまで行ったことのないところに旅行に出かけたり、これまで二の足を踏んでいたような名店に出かけたり、現役時代に忙しくて行けなかった芸術鑑賞をしたり、とにかく自分が「楽しい」と感じることをして下さい。あちこちに出かければ幸福感が高まります。

これまで皆さんは、家族のために働いたり家事をしたりしてきたと思います。でも、高齢者になったのであれば、そんなくびきから離れ、自分の楽しみに積極的にお金を使っていいのです。

それでも「老後が不安」だと、お金を節約しようとしたり、さらには貯金をしたりする人がいます。重ねて強調しますが、現在の社会保障制度を作り上げてきたのは、今高齢期にいる皆さんです。必要な時が来たら、遠慮せずに社会に頼っていいのですから、お金は元気なうちに自分の考えで使って下さい。それは、医療や介護に頼る時期を先延ばしすることにもつながるのです。

高齢者のうつ病

「うつ病」の話が出たので、ここで少し説明しておきます。

全ての人が加齢により心身や脳の老化が進みます。読者の皆さんの多くが気にされていると思われるのが認知症。これと合わせて注意してほしいのが中高年以降の「うつ」です。

特に、60代後半あたりから発症するのが老人性のうつです。認知症は、うつが原因となっているケースが少なくありません。うつによって脳がダメージを受けた分だけ、脳の老化が進み、将来的に認知症になる可能性が高まります。また、認知症を発症すると、初期のころに、うつを併発する傾向があることは知っておいた方がよいでしょう。

認知症と老人性うつは全く違います。うつは、気分が激しく落ち込み意欲が低下した状態。楽しみや生きがいなどが感じられず、ネガティブな考えに陥りやすくなります。ただ、なんとなく元気がなかったり、記憶力が低下したりといった初期症状は認知症と似ています。

私が診察する場合、「症状はいつから始まりましたか」と聞いて、本人や家族がはっきり答えられるようでしたら、うつ病の可能性が高いと判断します。本人が「物忘れがひどい」と訴える場合も、認知症よりうつ病が疑われます。

とりわけ、老人性うつは自殺を招きやすいので要注意なのです。心の不調を感じた時は、ためらうことなく医師に相談に行ってください。認知症は、進行を遅らせることはできても完治させることはできません。しかし、老人性うつは、適切に治療すれば、かなりの確率で治る病気です。

「楽しみ」「生きがい」を追求することは、老人性うつを防ぐという意味からも大切なのです。

行動基準は楽しいかどうか

高齢者の行動基準は、楽しいかどうかで決めるのがよいと私は考えます。先に指摘した同調圧力や義務感で嫌なことを我慢してすることから解放されましょう。

男性の場合は、これまで仕事への責任感や家族への義務感でがんばってきた人が多いでしょうから、自分の楽しみを最優先にと言われても、難しいかもしれません。現役の時、生産性を第一に考えてやってきたので、消費に罪悪感を抱き、「自分が好きな楽しいことをして暮らすなんて、時間と金の無駄遣いではないか」となるかもしれないせん。でも、長年働いて十分社会や組織への義務は果たしてきたのですから、楽しさ優先に頭を切り替えて下さい。

女性ですと、世代的に多いと推測されるのは、「自分の楽しいことを優先させると、家族や周囲が困ったり、迷惑をかけたりするのではないか」と心配してしまうタイプです。これまで、夫や子どものためということで懸命にやってきた。夫がリタイアし、子供も手を離れた。振り返って、それだけの人生で終わるのは御免だと思うのであれば、心配を振り切って、自分の楽しみを追求して下さい。誰にも文句を言わせてはなりませんし、言えないと思います。夫が稼いで貯めたお金だって、妻のあなたがいなければ〝あり得ない〟のです。

自分が楽しく、ご機嫌に暮らすことでいいのは、周りの人もハッピーにすることです。

例えば、現役時代なかなか行けなかった釣りに、自分の好きな時間に行ける。お金を使って回数を増やせば、腕はあがる。1回行ってアジ1匹なんてことがなくなり、釣果は目に見えて増える。近所の人におすそ分けすれば、喜ばれるし、あげたほうもさらにうれしくなります。この機会に魚のおろし方を学んで、近所の人を招いてふるまうのもいい。称賛間違いなしで、喜びも倍増します。

私の知り合いの中に、釣果を近所のお寿司屋さんに持ち込んで職人さんにさばいてもらい、来店しているお客さんにもふるまっている人がいます。もちろん、〝持ちこみ料〟などはかかりますが、お客さんが喜んでくれるとうれしいですし、会話もはずみ、人の輪も広がります。

要するに、自分の中の「たが」を外し、様々なしがらみから自らを解放し、自分の楽しみを広げて幸せになってほしいのです。

肉食は幸せホルモンのもと

年をとったら自分の幸せ第一と強調してきましたが、人に幸福感をもたらす脳内の神経伝達物質に「セロトニン」があります。別名、「幸せホルモン」と呼ばれます。年をとると意欲が減退してくるのは、セロトニンが減少してくることも大きな要因です。セロトニンが減少すると、はつらつさや若々しさ、活動する意欲が低下します。

　セロトニンの材料となるのがトリプトファンというアミノ酸です。体内で生成できないので、食事によって摂取する必要があります。このトリプトファンが多く含まれている食品こそ肉です。

　セロトニンは年をとるほど減少するので、肉を食べれば、加齢に伴うセロトニンの減少を補い、脳の老化を遅らせるだけでなく、老人性うつを防ぐこともできます。肉には豊富にタンパク質が含まれているため、骨や筋肉が作られ、運動機能の衰えを防ぐことができます。脳内で睡眠覚醒リズムを調整して眠気をもたらすホルモン、メラトニンもトリプトファンから作られます。

日々の食事で意識的に取り入れてほしいですが、たまには外のお店に出かけてステーキやすき焼きやしゃぶしゃぶを食べてはどうでしょうか。普段めったに行くことがない高級な店に行けば、より幸福感が増してご機嫌になれると思います。

薬より栄養重視

「財産断捨離」といった時、もちろんお金は使った方がいいのですが、お金を何に使うかが大事です。

今、日本の高齢者は、病院や薬、健康食品にお金を使う人が多い。でも、それは意外と長生きには通じません。少なくとも元気にはさせないというのが私の持論です。その理由は先に指摘した通りです。体と心の栄養、すなわち食事とか旅行などの楽しみにお金を使ったほうが、よっぽど健康長寿につながるでしょう。みなさんは医師や薬が健康、長生きのために重要だと信じているかもしれませんが、だまされていることがいくつかあります。

先に、減薬をすすめましたが、改めて強調したい。

戦前、日本人の平均寿命が50歳を超えなかった一つの理由が結核です。抗生物質のストレプトマイシンが開発され、結核で死ぬ人が減ったから日本人は長生きするようになったとされています。しかし、ストレプトマイシンは結核になった時の治療薬で、結核になる人が減ったことの説明はつきません。なぜ結核になる人が減ったかというと、脱脂粉乳のおかげです。戦前の日本人は動物性タンパク質をほとんど取っていなかったので感染症に弱かったのです。

その後、栄養状態が改善したため、1951～1980年までの死因トップは脳血管疾患。つまり出血性の脳卒中と脳梗塞。ちなみに、81年から死因の1位は今に至るまでがん。脳血管疾患は2位となり、1985年には心疾患が2位になりました（厚生労働省人口動態統計）。

脳血管疾患でいうと現在、脳卒中は3分の1で、脳梗塞が3分の2となっています。血圧が高いために起きる脳出血は激減しているのです。昔は血圧が150や160で結構血管が破れていました。しかし、私は、血圧200を超えても6年間ほど放っていましたが破れませんでした。脳卒中が減ったのは、減塩運動や血圧を下げる薬のおかげだと言われますが、おそらくそれは主因ではないはずです。かつての日本人は動物性タンパク質やコレステロールをあまり摂取しなかったから血管が破れやすかったのです。従って、脳卒中が減ったのも、結核と同じく食生活のおかげです。

81年以降、がんで亡くなる人が増えた原因は、その頃から急に〃粗食信仰〃が進んだからだと私は考えます。アメリカの影響で、肉を食べ過ぎないほうがいいとか、ダイエットに励めとかなって、栄養不足を招いた。それが免疫力を落としてがんが増えたとみています。日本は、先進国の中でがんが増え続けている唯一の国になっているわけです。だから、医師の言うことより栄養の方が絶対あなたを長生きさせてくれると訴えたい。**薬より質の高い栄養摂取にお金をかけてほしい**のです。

明治時代、医師でもある作家の森鷗外の時代から、日本人は栄養学をちょっとばかにしたところがありました。例えば、太平洋戦争の時に国外で死んだ人たちの7割は餓死です。栄養なんか取らなくても〃ど根性〃で乗り切れるという考え。

兵士に栄養補給をしない戦争のやり方だったら勝てるわけがない。太平洋戦争は物量の差で負けたのではなく、指導者たちがいわゆる兵站《へいたん》を甘くみたという要素が大きいのです。アメリカとの戦争が無謀だっただけではなく、戦いを指揮した人たちが無能だったので、負けるべくして負けたということです。皆さんの生活でも「兵站=栄養」を大切にしてください。

命を支える塩分

兵站がないところで戦争は戦えないのと同じく、現在も栄養なくして健康長寿を保てないことが忘れられています。塩も同じです。人間は塩がないと生きていけないのは、小学生だって知っていることです。

戦国時代、駿河の大名・今川義元が桶狭間の戦いで織田信長に討たれた後、甲斐の武将・武田信玄が駿河に攻め入りました。これに対し、義元の息子の氏真は、海がない甲斐への塩の入りを止めました。そうしたら、信玄のライバルである越後の武将・上杉謙信が「汚い手はいけない」と信玄に塩を送ったのです。「敵に塩を送る」。それくらい塩は人間にとって大切なものだったのです。

ところがいつの間にか、脳卒中トラウマのせいで「塩分は体に悪い」ということになり、今や、厚生労働省が決めた日本人の食塩摂取基準は、1日当たり男性7・5g未満、女性6・5g未満にまで減らされてしまいました。

しかし、2014年に『ニューイングランド・ジャーナル・オブ・メディスン』という世界で一番権威のある臨床医学雑誌が、17カ国10万人を対象に食塩の摂取量（ナトリウムの排泄量）と死亡率の相関を調べました。その結果、最も死亡率が低かったのは食塩の摂取量が10～15ｇであることが分かりました。逆に、7・5ｇまで減らすと、10ｇと比べて死亡率は40％高くなるのです。近年、夏に熱中症患者が激増しているのは猛暑のせいだとばかり言われているけれど、塩分をきちんと取っていないことが大きいのではないでしょうか。

ラーメン1杯、スープまで全部飲んで塩分は6ｇ。多くの人がスープを飲まない理由は塩分の取り過ぎを避けるためでしょう。確かに男性7・5ｇ、女性6・5ｇの基準だと、スープを全部飲んだら、塩分は男性であと1・5ｇ、女性で0・5ｇしか取れない計算になる。ところが15ｇでいいなら、昼飯にラーメン1杯で6ｇ取ったとしても、朝食と夕食で9ｇまで取れるわけです。9ｇって結構な量です。小さじ1杯で約5ｇ。目玉焼きにかけるのはせいぜい0・2ｇぐらい。私は朝、ゆで卵に塩をかけて食べていますが、塩を1・5ｇかけるとしょっぱ過ぎると感じます。塩分の量が1日10～15ｇだったら、毎回の食事は結構気にせずに食べることができます。塩分を取りたいというのはやはり人間の根源的な欲求であり、1日10～15ｇは我慢する必要のない数字だと思います。しかも、年をとればとるほど尿中のナトリウム排泄量は多く、出ていく量も増えるので、むしろ塩分は取った方がいい。高齢者は1日10～15ｇでも足りないという説もあるくらいです。

栄養の基準が厳しい日本

塩分も含めて栄養は、巷間《こうかん》言われているより多めに取った方がいいぐらいなのです。そもそも、日本の基準は全体的に厳しい。

1980年ぐらいから、いろいろな調査の結果、肉類の取り過ぎはよくないとか、コレステロールが高いほど心筋梗塞になりやすいとか、言われ始めました。しかし、日本は決して心筋梗塞が多い国ではありません。その当時、アメリカでは1日300gの肉を食べていましたが、日本は70gだったのです。沖縄の人は100g、ハワイの日系人は120g取っていましたが、沖縄の人やハワイの日系人のほうが、本州に住む日本人よりも平均寿命は長かった。本来なら、日本人は肉の摂取を増やさなければならないという方に向かうべきだったのに、アメリカの医者が「肉を減らせ」と言っているから「日本も減らせ」、となったのが日本の医者の浅はかなところだと思います。**体の老化防止のためには「肉食」**なのです。

炭水化物も同じです。今、ダイエットのための糖質カットがさかんに叫ばれていますが、これはまずい。頭を冴えさせるためには糖分は多い方がいいのです。朝飯抜きの子どもは成績が悪いとよく言われています。現在、朝食を取ることを奨励する企業も出てきています。

脳はブドウ糖を取らないと働きません。**ブドウ糖は脳の唯一のエネルギー源**として利用できる物質で、人体にとって重要な栄養素です。穀物や果物など身近な食べ物に多く含まれています。脳をうまく機能させ、脳の老化を防ぐために必要不可欠。従って、炭水化物の摂取を控える「糖質抜きダイエット」なんて、とんでもないことなのです。甘いものを食べるのは決して悪いことではありません。「3時のおやつ」は非常に理にかなっています。体内時計に基づく時間栄養学によると、膵臓《すいぞう》の働きが一番よくなるのが15～16時。膵臓の働きがいいときに甘いものを取るのがいいと体感されていたのです。

肉だけでなく魚も取ったほうがいい。脳の血流をよくする成分であるＤＨＡ（ドコサヘキサエン酸）を多く含んでいるからです。魚をよく食べる国ほど心筋梗塞は少ない。実は、アメリカの心筋梗塞死亡者数は過去20年間で半減しています。なぜか。寿司ブームの影響ではないかとの説があります。寿司を食べない人が多い内陸中部のカンザス州でも心筋梗塞の死亡者が減っているのは、ＤＨＡのサプリを取るようになったからだとみられています。

これまで縷々《るる》述べてきた理由で、とにかく食べるものにしっかりお金をかけて下さい。**健康に悪いからといって食べたいものを我慢する必要はない**ということです。塩や油の取り過ぎはいけないと医師は押しつけますが、日本では大規模な疫学調査によるエビデンスはありません。だから、医師が言っていることは信じる価値がないと私は主張しているのです。

ちょいポチャが一番長生き

そもそも中高年が「ダイエットをすれば健康になる」と刷り込まれたのは、「メタボリック・シンドローム（通称・メタボ）は怖い」、となったからではないでしょうか。

メタボリック・シンドロームとは、内臓脂肪の蓄積に加え、血圧、血糖値、コレステロール値などの状態から判断される、糖尿病、心臓病や脳卒中などの生活習慣病になりやすい身体の状態を意味します。１９９９年に、世界保健機関（ＷＨＯ）が概念と診断基準を示したことで広まりました。この頃から、健康診断で腹回りを計測され始めたことを記憶している方も多いのではないでしょうか。しかし、単に腹回りが大きいだけでは、メタボに当てはまりません。

メタボ予防のためよく挙げられるのが「ＢＭＩ」です。「体重（kg）÷身長（m）の２乗」の計算で導き出される数値です。日本肥満学会の判定基準によると、「18・５未満／低体重（痩せ型）」「18・５〜25未満／普通体重」「25〜30未満／肥満（１度）」「30〜35未満／肥満（２度）」「35〜40未満／肥満（３度）」「40以上／肥満（４度）」となっています。しかし、世界中の様々な統計データを見ると、ＢＭＩの値が25を超えた人のほうが長生きするという傾向が少なくありません。

２００９年に日本で発表された研究結果では、40歳時点での平均余命が最も長かったのは、男女ともにＢＭＩ25〜30の人でした。身長が１７０㎝の人の場合、ＢＭＩ25の体重は72・３kg、ＢＭＩ29だと83・８kgです。平均寿命が最も短かった人はＢＭＩ18・５未満の人でした。健診で理想的なＢＭＩは22で、25以上だと肥満と判定されるわけですが、25を少し超えるくらいのいわゆる「ちょいポチャ体形」の人が実は一番長生きなのです。メタボ予防でダイエットに走らず、おいしいものを食べて下さい。

「太るのは不健康だ」とか「粗食は体にいいから」と信じ込んで、低栄養状態に陥っている人は少なくありません。暴飲暴食は問題でしょうが、空腹を我慢するとか好物のステーキを半分残すとかする必要はありません。**年をとればとるほど、好きな物を食べることにお金を使うべき**です。銀行にお金を寝かせているだけでは、質の高い栄養を取ることはできません。

高齢者は歯が命

健康に長生きするためのお金の使い道として、「歯の健康維持」を挙げたい。先ほど薬に頼るより栄養をと述べましたが、栄養をしっかり取るためにはよく噛《か》んで咀嚼《そしゃく》しなければなりません。おいしく食べるためにも、噛むことが重要です。

そもそも「噛む」こと自体が脳によいのです。ガムを噛んでいる時の脳の血流量を調べたところ、とりわけ短期記憶をつかさどっている海馬の血流が増えていたそうです。ガムを噛むと、頬の耳の近く、奥歯辺りにある咬筋《こうきん》が動きます。咬筋は咀嚼に欠かせない筋肉です。咬筋を動かすと三叉《さんさ》神経を通じて脳に信号が伝わり、脳が刺激されて血流が増えるという仕組みです。**脳の衰えを防ぐには、「噛む力」を維持**しなければなりません。

さらに、**歯が悪い人は認知症になりやすい**ことが知られています。生活習慣病の疫学調査を続けている「久山町研究」（福岡県）では、歯の残存数が少ないほど認知症の発症リスクが高いことが明らかになりました。調査結果によると、歯が20本以上ある人に比べて、10～19本の人は1・62倍、1～9本では1・81倍、認知症になる人が多かったのです。

理由は、残存歯数が減ると、噛む回数が減り脳への刺激が減るからです。海馬は認知症と大きな関係があり、多くの認知症は海馬が萎縮することで起きます。また、噛む力が衰えると軟らかいものを好むようになり、脳に必要な栄養素が不足し、認知症の発症リスクを高めるとも考えられます。

以上のようなことから、私は健康に長生きをしたければ、義歯やインプラントなど歯と咀嚼能力の健康維持にお金をかけるべきだと考えています。入れ歯は、使用していると次第に合わなくなります。定期的なメンテナンスが欠かせません。インプラントは基本的に保険がきかず自由診療のため高額ですが、その元をとれるくらいメリットがあると思います。

歯茎などの口腔ケアも大切です。歯茎などの炎症性疾患である歯周病を放置すると、歯周病菌が全身に回って、さまざまな病気を引き起こします。毎食後、歯茎の歯周ポケットを意識して歯を磨く。定期的に歯医者さんで歯のクリーニングを受ける。歯のクリーニングは治療目的ですと保険がききますが、予防のためだと自由診療になることもあります。しかし、歯がきれいになれば笑顔に自信が持て、人に会うのにも積極的になれ、楽しくなるはずです。ここもお金の使いどころだと思います。

意欲の素、男性ホルモンを増やす

免疫力を上げるためには楽しむ。楽しむことにタブーを設けてはいけません。特に男性に関して言うと、男性ホルモンを増やした方が健康長寿です。男性ホルモンは老化とともに減ります。減ってくると記憶力や判断力が落ちたり、意欲がなくなったりします。また、筋肉が減って脂肪がつきやすくなります。放置しているとろくなことはありません。お金を使う時、「男性ホルモンを増やすため」を意識すれば「もったいなくない。よし使ってやろう」となるでしょう。

まずは、先述したように、筋肉の材料となるタンパク質をしっかり食べることです。タンパク質なら豆腐でもいいだろうと思うかもしれませんが、断然肉です。肉にはコレステロールが含まれています。コレステロールは有害物質のように扱われていますが、日本人はアメリカ人のように大量に肉を食べないので気にする必要はありません。免疫細胞の細胞膜はコレステロールから作られています。男性ホルモンであるテストステロンもコレステロールから作られています。**男性ホルモンを増やすためには、何より肉食。**先に説明した「幸せホルモン」と同様です。

他には、精がつくとされている牡蠣《かき》。牡蠣に多く含まれる亜鉛は体内の活性酸素を取り除く働きがあるので老化予防になりますし、テストステロンの生成に欠かせない成分です。高齢者にはなじみが薄いかもしれませんが、近年〝オイスターバー〟という牡蠣料理専門店がはやっています。特に生牡蠣をウリにしており、これがうまい。1個500円以上しますが、高齢者にとってお金の出しがいはあるのではないでしょうか。新しい今どきの店に出かければ前頭葉も鍛えられます。

男性ホルモンをさらに増やすのなら〝性的体験〟です。性的体験というのは、要するに異性を意識することです。一番直接的な風俗店に行くとか愛人を作るとかはあまりおすすめできないし、既婚者だと家庭不和になる危険性がある。それを考えると私は、家庭不和にならない程度に若い異性のいる店に行くとかアダルトビデオを見るのがいいと思います。最近はやりの「推し活」もおすすめです。誰かのファンになる。アイドルを追いかけライブに行く。要するに何歳になっても性的に枯れない、そのための投資は惜しんではいけません。

女性は閉経後に男性ホルモンが増えます。実は、男性ホルモンが増えることは女性にとってもよいことなのです。世の中を見渡すと、60代以降、女性の方がよりアクティブになる人が多く、人間関係も広げている。男性ホルモンは、異性との付き合いだけではなくて、人との関係性を前向きにします。

男性は定年後、男性ホルモンが減り濡れ落ち葉みたいになり、妻にベタベタしてしまう。一方、女性は男性ホルモンが増えるので、意欲が上がり、人付き合いが盛んになるのです。

昨今、高齢者の団体旅行は大体、女性の方が多いのもその証しでしょう。拙著『80歳の壁』を書いた後、講演会に招かれることが増えました。この本は男性向けに書いたつもりなのですが、聞きに来る人は女性の方が多い。年をとると女性の方が意欲が増すのです。女性も男性ホルモンを増やすことは悪いことじゃない。ハーレクイン・ロマンスのような小説、レディースコミックはどうでしょうか。高齢の女性もぜひ、恋愛、推し活をして下さい。追っかけをすると女性ホルモンも増え、骨粗鬆症《こつそしょうしょう》の予防になる。男性ホルモンも増えるので、ますます意欲的、活動的になります。

高齢者から運転免許を取り上げるな

薬を飲むより、「高齢者よ、外に出よ」なのです。外出に付き合ってくれる介助ロボットも、タケコプター型ドローンも実用化されていない現在、高齢者、特に地方に住む高齢者が「外出」する手段のメインは自動車です。私は、以前から高齢者から運転免許を取り上げるなと強く主張しています。そして高齢者には、運転免許を自ら返納するなと訴えたい。

2022年11月、福島県で97歳の男性が運転する車が、大型ショッピングモール沿いの市道の歩道を暴走し、40代女性を死亡させる事故がありました。男性は同年の運転免許更新時に受けた認知機能検査は問題なく、「アクセルとブレーキを踏み間違えた」と供述しています。

にもかかわらず、認知機能が落ちた高齢者が運転を誤り、大事故をたくさん起こしていると思っている方は多いと思います。メディアも大々的に取り上げて騒ぎました。

実際には、高齢者が交通事故を起こす確率は高くありません。警察庁交通局の「令和5年の交通事故の発生状況」によると、原付以上の免許を持っている人口10万人当たりの年齢別事故件数は、16～19歳が最多で約1025件。20～24歳の約589件と続きます。一方、高齢者で最も事故が多いのは85歳以上の約519件。70代が約350件前後で、20代の400件超より少ない。

従って、高齢者には運転させるな、免許を取り上げろということに全く正当性はありません。「ブレーキとアクセルを踏み間違えた」というのは、認知症が原因ということはほぼあり得ません。うっかりしたか慌てたかが原因で、これは若い人でも起こり得ます。ペダルの踏み間違い以外に、高齢ドライバーが起こす逆走や暴走といった明らかに不自然な事故があります。ほとんどが薬による意識障害ではないかと私はみています。

高齢者は複数の薬を服用していたり、代謝が衰えて副作用が出やすくなったりしているので、意識障害を起こしやすいのです。薬を服用している高齢者はこの点を慎重に判断して運転を続けるかどうかを決めることは必要かもしれません。

ついでに言うと、2024年10月にアメリカ医学会雑誌（JAMA）に掲載されたアメリカの10万件以上の高齢者のクラッシュ事故の統計データを見ると、約8割の人が運転障害薬を服用していました。一方で、薬を服用していない人で比べると高齢者の方がそれ以外の人より事故は少ないのです。**免許を返納する前に薬のチェックが大切**なのです。

2017年に改正道路交通法が施行され、75歳以上の高齢者が運転免許を更新する際の認知機能検査が義務付けられました。その結果、「認知症のおそれがある」と判定された人は、専門医の診断を受けるか、医師の診断書を提出しなければならず、診断の結果によっては、運転免許が取り消されます。要するに、認知症と診断されたら免許を取り消されるわけですが、私のように長年認知症をみてきた医者からすると、認知症でも軽いうちであれば楽勝で運転ができると分かっています。「認知症が進行して、運転に支障を来すようになったら免許を取り消す」というなら理解できます。しかし、年齢で一律に免許更新を制約したり、認知症と診断されたから免許を取り消したりすることには反対です。**運転を取り上げることは、体の老化や認知症の進行を加速させる**からです。

これは筑波大学などの研究チームの追跡調査が裏付けています。愛知県内の65歳以上の男女約2800人について追跡調査し、運転継続と要介護認定の関係を分析したものです。車の運転をやめて自由に移動する手段を失った高齢者は、運転を続けた人と比べ、6年後に要介護状態になるリスクは2・16倍でした。運転をやめて公共交通機関や自転車に切り替えれば外出はできますが、こちらも運転を続けた人に比べ、要介護のリスクは1・69倍高かったのです。**運動機能に問題がなく、重度の認知症でなければ、高齢者でも運転をやめることはマイナスのほうが多い**と考えられます。

特に、地方に住んでいて、ショッピングモールに買い物に行ったり、病院に行ったりするために車を使っているような人は、年齢だけを理由に安易に免許を返納してはなりません。家族は返納させようとするでしょうが、自分の意思を通して下さい。外出する機会が減り、脳も体も老いを加速させる可能性があるからです。

第4章

財産を使い切るために

まずは自分の資産状況を把握する

元気なうちにおいしいものを食べたり、旅行をしたりしていなかった。気付いたら体がいうことをきかなくなっていた……。年をとってくると、いつ歩けなくなるか、極端な話、いつ死ぬか分かりません。何かができなくなるという「時間切れ」は随所に埋まっています。この**「時間切れ」を常に意識して生活**しなければなりません。

また、高齢者の多くは、生活に何らかの支障を来すような心身の状態になり、医療機関や介護サービスのお世話になるような場合でも十分対処できる以上のお金を蓄えており、さらに公的年金にも比較的恵まれていると指摘してきました。

だからと言ってむやみやたらにお金を使いだしたら、いつか生活が破綻するかもしれません。借金が残っている人なら、生活費の収支バランスが崩れる可能性があります。**重要なのは、自分の資産の状況について整理し、理解すること**です。つまり、今後死ぬまでに自身の使えるお金の大きさというものを知っておくということです。

それでは、資産は何によって形成されているか。事細かに整理するとしたら金融や税の知識も必要になってきますから、ここでは大まかに説明します。

会社に勤めたことがある方ならご存じかもしれませんが、会社の資産には大きく分けて**「流動資産」**と**「固定資産」**があります。前者は、預貯金や前払金、有価証券など。後者は、土地・建物などです。個人の場合も、この分け方を採用します。

まず、流動資産の対象として計算するのが以下のものです。現金化して比較的すぐに使いやすいという特徴があります。

○現金
○預貯金
○保険（生命保険・個人年金など）
○有価証券（株式・債券・投資信託など）

これらは比較的簡単に調べ、まとめることができると思います。同時に預貯金であれば普通か定期か、保険であれば契約内容や受取人、株式であれば投資先企業の状況等も合わせて確認しましょう。株式などは、夫婦間で情報が共有されていないケースが多くあります。この際、夫婦それぞれが持っている株の確認を進めることも重要です。

次に固定資産の対象となるのが以下のものです。これらはすぐには現金化しづらいという特徴があります。

○土地
○建物
○自動車や船舶
○美術品等

この中で最も重要なのが土地です。それ以外は減価償却という考え方があって、ほとんどの場合、価値が目減りします。なお、一部の希少な美術品やクラシックカー等は高い評価が付く場合があります。つまり、課税の対象になる可能性があるということです。

土地には、課税価格である路線価と、不動産売買の際に参考となる実勢価格の二つの価格があります。前者は国税庁の財産評価基準で確認することができます。後者は、周辺の過去の不動産取引価格を参考に算出します。売りたくても買い手がいなければ成立しない話なので、不確実性の高い数字であることを理解しなくてはなりません。マンションも同様です。

以上の資産について確認することから始めましょう。おおむね、どの程度の現有資産があるのかを知ることができます。

資産の大きさを確認できたところで、ここでもう一つ重要なのは**債務の有無**です。つまり、借金があるかどうか。高齢者の方の多くは住宅ローンを完済している場合が多いでしょう。しかし、例えばバブルの時に高額なマンションを購入し、まだ残債が残っている、経営していた会社の連帯保証の関係でそのまま個人で借金を背負っている、という方もいます。こういった場合は、その金額の大きさや返済の条件等も確認します。条件は見直すことでかなり負担が軽くなる可能性もありますから、すぐにでも検討すべきでしょう。

次に、現有資産を現金化した場合の総和（あくまでも概算でよい）から借金を引いた額、これを算出します。仮に70歳以上の夫婦で、この額が世帯当たり1000万円以上あるのなら、かなりのぜいたくな暮らしを追求する場合を除けば、老後の生活に大きな不安はないと私は考えます。その理由は先述の通りです。

最後に確認するのが、今後得られるであろうお金の大きさです。これは、公的年金や個人年金、企業年金、株式の配当や不動産収入などです。人により大きな差がありますし、制度等の変更により将来変わるかもしれませんが、一般的には公的年金が多くを占めると思われます。公的年金は、すでに高齢者となった方であれば生涯もらえるうえ、生活費に足りないとはいえ、今の現役世代が高齢者になる頃よりは総じてはるかにいい条件ではないでしょうか。

これらの収入と、自身の今の平均的な生活費を比べてみる。そこにマイナスがあるならば、今後どのように資産を切り崩していくと生活が成り立つか分かります。そして、今の年齢から平均余命を確認すれば、亡くなるまでにいくら使い、いくら残るのかを予想できるというわけです。

今持っている資産と将来の収入とを合わせて整理することで、断捨離可能な財産が見えてきますから、安心してお金を使うことができるのです。

家をどうする？

日本人は家に非常にこだわりが強い人が多い。高齢者は特にそうです。

一方で、定年退職を機に住み慣れた土地から離れ田舎暮らしをしたい、あるいは狭くてもいいから都心に住みたいと移住を考えている方も多いのではないでしょうか。このようなことをするのなら、60代のうちです。それを超えると新たな場所での適応は難しいことを知るべきです。年をとればとるほど前頭葉の機能が低下するので、新しいことへの適応能力が落ちます。都会住まいが長くあまり運転もしたことがない人が田舎に移住すると、慣れるまでに相当長い時間がかかります。一方、都会は便利かもしれませんが、マンションの隣に誰が住んでいるか分からないというように、かえって人付き合いが減りコミュニケーション不足になる懸念があります。

70代となり、積極的に転居を考える必要がなければ、住み慣れた家に住み続けるのがいいでしょう。その場合、暮らしの質を上げる目的でリフォームを考えることをおすすめします。例えば、階段に手すりを付けたり、車いすで出入りしやすいように玄関にスロープを付けたりする。また、風呂や洗面所などの環境を最新のものにグレードアップするなど、今はその必要がなくてもいつ必要になるか分かりません。**元気なうちに住環境への投資は検討すべき**です。

もし子どもたちが独立し、実家に帰ってくる様子もないのであれば、家の断捨離という考え方もあります。家を売却して、そのお金で体の自由がきかなくなった場合に備え、老人ホーム等に入所する、といったことです。

また、自宅にそのまま住み続けながら、ある程度の生活資金を得ることができる金融サービスも登場しています。リバースモーゲージやリースバックといわれるものです。前者は、自宅を担保にして融資を受けるものです。自宅を担保にして金融機関に借金をする。その借金を毎月（あるいは毎年）の年金のように受け取る。自宅を所有しているけれど現金収入が少ないという高齢者が、住居を手放すことなくある程度の収入を確保する手段です。借り入れたお金は、本人の死亡後に自宅を売却して返済するなどします。一方、リースバックは持ち家を売却後、賃料を支払ってそのまま住み続ける仕組みです。自宅を手放したあと、賃借人としてその家に住むわけです。

いずれにせよ、土地建物の資産としての評価が高くないと、期待できるお金は入ってきませんから、都市部に住宅やマンションを所有している人向けの商品といっていいでしょう。

家をどういう形で処分するのがいいのか。少なくとも持ち家という財産がある以上、その**資産をどのように老後の生活の幸せに生かすのか**、この点はしっかり考えるべきです。子どもが不動産をいると言うか、いらないと言うかは関係ありません。「家は自分のために使う」。これを大原則に考えて下さい。

メルカリ、ヤフオクで小遣い

知り合いの母親が亡くなった時、桐だんすからものすごく高価な着物が、ほとんど新品状態でたくさん出てきたという話を聞きました。着物の買い取り業者のCMをテレビでよく目にするようになりましたが、実際の買い取り価格は想像以上に安い。とても高価なものですし、母の思い出が詰まっている。それを買い叩かれるのは嫌ということで、持ったままの人は多いでしょう。着物をたくさんお持ちの高齢者は、娘のサイズに仕立て直しをするとか、バッグや洋服などに作り替えるなどすればいいのではないでしょうか。着物は年をとった方のほうが似合います。残されたのをきっかけに、着付けを習って着物に挑戦してみるというのもよいでしょう。

家に眠っている〝お宝〟の買い取りサービスも盛んです。

便利だけれど、買い取り金額に過大な期待をしてはいけません。ワインが一番いい例です。私はワイン好きで数多く収集しています。フランスの「ロマネコンティ」という銘柄は買うと1本500万円するのに、お酒の買い取り店に持っていくと80万円ぐらいにしかなりません。だったら、死ぬまでに、友人を集めて全部飲みつくしてしまったほうがいい。人との会話は、最も前頭葉を鍛えることにもなりますから。

一方、**こだわりが薄いもの、思い出がないものは処分する**。その時、メルカリやヤフーオークションに挑戦してみたらどうでしょうか。ちょっとしたお小遣い稼ぎにもなります。

バブル時代に買いあさったブランドもののネクタイやバッグをメルカリに出して、万単位のお金を手に入れた友人がいます。

メルカリはネット上のフリーマーケット。ヤフーオークションはネット上のオークションサイトです。使ってみればITリテラシーの向上にも役立ち、脳も鍛えられると思います。

人間関係の断捨離

人間関係の断捨離も考えていい。**会ってつまらない、ストレスを感じるような人とは、縁を継続する必要はない**ということです。例えば、昔の上司に飲みに行こうと誘われて行ったら、つまらない自慢話を聞かされ偉そうにされるのなんて時間の無駄です。仮におごってもらっても嫌だと思いませんか。ママ友であろうが昔の同級生だろうが、会って疲れる人間関係は切ることです。会っていて楽しい相手との時間にお金を使いましょう。高いワインを買っても1人では空けられないような時、人を誘って飲むわけです。定年後、地域ボランティアで知り合った人でもいい、そういう損得抜きの人間関係こそどんどん広げていってほしいのです。

先述したように、認知機能の低下を防ぐため前頭葉を鍛える最も効果が高く手軽なのは、人とのコミュニケーションです。世界的に有名な医学雑誌『ランセット』によれば、「社会的な交流の不足」は認知症の3番目のリスク要因です。人と会話する時には、想定外の相手の反応に対応しなければなりません。「次はどんな話をしよう」と話題を探したり、相手の気持ちを推察したりしなければなりません。こんな時、前頭葉はフル回転します。

そしてそんな場合、この人といると楽しいという居心地の良さが大事で、損得や役に立つ、立たないは関係ないのです。

寄付という選択肢

日本は寄付文化をもっと浸透させたほうがいいと願っています。例えば、立派なお墓を残そうという人は結構多いのだけれど、作ったところで3代先に誰が管理してくれるでしょうか。それに対して、自分の母校に寄付をして、自分の名前がついた文庫とか奨学金を設ければ名前が残ります。私自身は墓を作らない派ですが、万が一、お金がある程度残ったらどこかに寄付をして、名前は残るようにしたいと考えています。

自分の資産を寄付するという発想は、日本人は海外に比べると薄いような気がしますが、いくつか好例があります。大阪・中之島にある大阪市中央公会堂は明治時代、株式仲買人の岩本栄之助氏が寄付した当時の100万円（現在の価値で数十億円）で建築されました。株で大損失を出し、完成を待たずに自死しましたが、「岩本」の名前は残り、語り継がれています。建物は2002年、国の重要文化財に指定されました。

ダイエーの創業者である中内㓛氏は、超大金持ちだったけれど、結局破産して財産は残らなかった。しかし、在任中、私財をなげうって神戸市に流通科学大学を作りました。長男の中内潤氏が現在理事長です。また、メンタルヘルス岡本記念財団という公益財団法人があります。ニチイの創業に携わった岡本常男氏が重症の神経症にかかり、森田療法という精神療法で救われたことをきっかけに、その療法の研究のために多額の寄付をして設立したものです。今、ニチイの名はなくなったけれど、財団は残っている。寄付した人の名前が残っているわけです。**自分の資産を社会に還元するという意味で、寄付は大あり**です。

1981年公開の映画『泥の河』は、監督の小栗康平氏の初監督作品。それまで小栗氏は、映画を1本も撮ったことのない助監督だったのですが、東京・墨田区で鉄工所を経営していた木村元保氏に「映画を作りたい」と話をしたら、木村氏は「俺もいつ死ぬか分かんないから、金出してやるよ」と鉄工所としては巨額の5000万円を出資したそうです。

「当たるか当たらないか分からないのによく出しましたね」と聞かれ、「いや、金はいつなくなるか分からないけれど、映画は残るでしょう」と答えたらしい。出したお金は全部すってもいいから、小栗監督の好きなように撮らせてやろうということで出来た白黒映画は当たって、国内外で高く評価されました。鉄工所のオジサンが、映画に出演した俳優の加賀まりこさんらいろんな人と知り合えるメリットもあるし、現場でちやほやされる楽しみも生まれたでしょう。それだけでも、男性ホルモンが増えるというものです。

また伊丹十三監督の映画にも、あんこの渦巻きタルトで有名な松山市の製菓会社、一六本舗の社長がお金を出していました。映画製作に出資しても当たるか当たらないか分からないけれど、名前が残るかもしれない、夢があります。私も高齢者向けの映画を撮りたいと、お金持ちに「映画の金を出して」と頼むのだけれど、大概冷たくあしらわれます。映画だって多くの人に夢を与え、世の中の役に立つ〝寄付先〟という発想があってもいいと思います。

「投資」は断捨離につながるか？

残された人生の楽しみのために〝投資〟を、と強調してきました、株式や不動産などに資金を投入する「投資」はどう考えたらいいでしょうか。欧米と比べて日本人の金融資産は預貯金の割合が高い傾向にあります。また、特に高齢者は投資のリスクを避けがちです。そんな状況を受けて、政府は年金破綻をあおる一方で、「貯蓄から投資へ」と呼びかけています。

私は積極的に投資を推奨するわけではありません。金融機関にとって、投資に疎く、ある程度預貯金を持っている高齢者は格好のターゲットです。だから手数料の高い金融商品を売りつけようとします。銀行からの営業電話をうけて相談に行くのであれば、その前に、最低限の投資の知識は身につけておくことです。

資産運用を考えるのであれば、ほぼノーリスクでできることをしてみましょう。メガバンクに預けている定期預金をネットバンクに預け替えれば利率は少しアップします。また、投資型年金保険がありますが、それを公的年金のプラスとして考えるのはありかもしれません。

多少のリスク覚悟で株に挑戦する場合には、自分でルールを決めておくのがいい。応援したい企業の株を安い時に買い、1割ぐらい上がったら売る、逆に1割下がったら損切りするということを繰り返すといったやり方です。こんなふうにして少額でも自分のお金を増やす努力を繰り返してみる。株式投資は、世の中の動きに敏感にならなくてはいけないので、必然的に頭を使い、前頭葉を刺激します。

高齢者が投資詐欺に引っかかったという話をよく聞きます。老後が不安で投資で増やそうというのは分かりますが、投資詐欺に引っかかるような人は、そこそこお金を貯めている人。3000万円とか5000万円とか持っている。普通に考えたら、十分な老後資金がある人たちなのです。それをもっと増やそうとして投資する。そこに夢があればOKです。つまり、今の財産を1億円に増やして母校に寄付して自分の名前がついた記念館を建てたいとか、自分の人生を映画化してもらいたいとか、夢は何でもいいけれど、そのために何らかのギャンブル性はあっても増やしたいと思うのであれば支持します。

しかし、それだけのお金があれば老後確実に生きていける人が、夢もないのにもっと増やしたいというのは私には理解できません。5000万円貯めている人なら、年金ゼロはあり得ないので自身の老後は安心なはずです。子どもにもっと残したいという気持ちがあるのかもしれないけれど、さらに増やしたいと考える気持ちはよく分からない。

「老後の蓄え」なるものの定義。私は「老後に自分が使うための蓄え」が好ましいと考えますが、多くの高齢者の頭の中は「老後の蓄えは減らしちゃいけない」みたいになっている。年金だけだと毎月の支出が赤字になるというわけですが、毎月3万円程度の赤字を埋めるためのものが老後の蓄えです。老後の蓄えは赤字の補塡《ほてん》により徐々に減るのが当たり前であって、減らしてはいけないという発想は、老後の幸せを考えるとあまりお得な考え方ではないような気がします。子どもに残してもろくなことはないというのは、前述した通りです。

欧米では、定年イコール「労働から解放される年」です。年金で第二の人生を謳歌《おうか》する。フランスで2023年、マクロン政権が年金の受給開始年齢を62歳から64歳に引き上げる年金改革を進めようとし、大規模デモが起きました。外国人、特にヨーロッパ系の人にとってみたら、年金受給開始日は労働から解放される記念日みたいなものです。年金は第二の人生にとって大事という発想。年金であろうが老後の蓄えであろうが、自分のために使うというのがヨーロッパ人の発想なわけです。一方、日本人は老後の蓄えがあるにもかかわらずそれを減らしちゃいけないとか、投資でもっと増やそうとなる。ここは、自分の老後を豊かにするという発想に転換をすべきではないでしょうか。

投資よりダメな貯金

投資に関しては、若い頃は金をつくっておけば、使い方は後から考えることができます。年をとったら、何のために稼ぐのかを考えるべきです。私がよく言う冗談に、「世の中で一番金のかかる趣味は何でしょう」があります。その一番お金がかかる趣味は、その趣味を持ってしまうと他のことには一切金を使わなくなり、どんなにお金があってもそちらにつぎ込んでしまうもの。それが貯金です。

貯金が趣味になると、貯金通帳の桁が1桁増えることが楽しみになり、リアルな生活から切り離されてしまう。人間関係もどんどん悪くなっていく。他に趣味も持てない。投資の方がまだ貯金よりボケ防止にはいいかもしれません。

昭和の頃だったら、3000万円の退職金をもらって定期預金に入れれば、6%の利率でお金が入ってくるから、年金プラスそれで暮らすことができました。今は超低金利です。投資を通じてお金を回すという発想自体は悪くないけれど、入ってきたお金で、おいしいものを食べるとか旅行をするとかで楽しまないと意味はありません。今の若いデイトレーダーは、年収1億円とか2億円と儲けている人はいるけれど、本当に金を使わない。何を楽しみに生きているのだろうかと首をかしげます。

私はかねて、「相続税は100％にすべきだ」と強く主張してきました。根強く残る「親の財産を相続するのは当たり前」の考え方をなくさないと、まともな競争社会は生まれないからです。世襲だらけの政治の世界を見れば明らかです。また「相続税100％」にしないと超高齢社会は乗り切れません。高齢者が、相続税100％でどうせ税金で取られるならと自分でお金を使おうとなれば、長引く消費不況は解決します。

私の「相続税100％」論は、実は生ぬるいもので、親の事業を継承したり自分で創業した子どもや、親の介護をしたりした子どもの相続税は減免して、それ以外の兄弟姉妹の相続税は100％にしろというものです。

子どもにお金を残すことに固執するのではなく自分の楽しみに使おうと強調していますが、子どもを援助するためにお金を出してあげるのはいいのではないかと思います。例えば、超有名会社のオーナー社長が、世襲で子どもに会社を継がせるのではなく、子どもに本業とは異なる新たな事業に挑戦させ、資金面で援助するのは全く悪いことではありません。

親が金持ちだから自動的に子どもが金持ちになる、親が社長だから子どもは自動的に社長になる、親が政治家だから子どもも政治家になるとかは、多くの場合で結果が良くありません。「社会の平等」も損ないます。もしどうしても継がせたいなら、ちゃんと子どもが勉強するように「相続試験」なるものがあってもいいのでは、とさえ思います。

第5章

争族を避け、もしもに備える

大切な意思表示

繰り返しますが私は、高齢者本人のためにも、子どものためにも財産を残す必要がないという考えです。インフレ、消費不況の今こそ、自分や子どものためにお金を使う方があなたのお金は生かされ、ずっと景気はよくなるのです。

何より、お金を持っていたり、残したりすると大きなトラブルを引き起こすことが少なくありません。子どもが1人ならともかく複数いる場合は、相続税がかからないくらいのお金でも、相続をめぐって兄弟姉妹が仲たがいをして泥沼に陥っていくケースに、私は数えきれないほど遭遇してきました。

先に裁判になった例をお話ししましたが、そこに至らないまでも兄弟姉妹で遺産をめぐってケンカが始まります。子供は60代ともなると退職していることもあり、自分の老後を考えて少しでも財産が欲しくなるのです。遺言で均等に残すといっても異論が出ます。

「兄さんは、マンションを買った時、お父さんに1000万円も援助してもらったでしょう。それを返済してないのに、均等割りはおかしい。私は同居して介護を長年散々してきた。それが勘案されないのは理不尽だ」「俺だって、できるだけ介護をしたし、入院した時とかは医療費を払った。お前は子なし・おひとり様だから均等でいいんじゃないか」というような争いが始まります。

おひとり様が亡くなると遺言を残していない限り、兄弟姉妹に遺産がいくことを知っているかどうか分かりませんが、兄弟姉妹だけに外聞をはばからずの言い合いになってしまいます。そこに、それぞれの配偶者が加わって「妥協してはいけない」とたきつけたりするので、余計面倒になります。こんな様子を幾度も見てきたので、財産は残すものではないと確信するようになったのです。

さらに、親の財産はいずれ相続するのだから自分のものと考え、親にかかる費用を減らそうというケースもあります。家を売って高級老人ホームに入ろうと考えていても子供に反対される。同居を強いられ、住み慣れた地域を離れて、子どもやその配偶者に気を使って暮らさなければならない。こうしたことが起きるのも、財産を残そうとするからです。

「老いては子に従え」という古くからの教えがありますが、今は逆です。**老いては子どもの言いなりにならないことが大事**です。「金持ちパラドックス」と私が呼んでいる現象があります。いわゆる貧乏な家では、父親が母親と死に別れていて、年をとって再婚したいと言い出した時、子どもは大概祝福する。「男一人にしておくよりはいい」「再婚相手が面倒をみてくれるだろう」と。でも、お金がある家だと、「そんなのは財産目当てに決まっているじゃないか」「お父さん、まともじゃない」と子どもに言われて反対された時、9割の父親は諦めます。でもよく考えてみてください。自分がもらえる財産を減らしたくないからといって再婚に反対するような、親の幸せを考えられない子どもは、親がボケたり要介護になったりしたときに面倒をみてくれるか。みてくれないことの方が多いのではないでしょうか。

従って**「争族」を避け、意にそぐわない晩年を過ごさないためには、財産を残さない、自分のために使う、とボケないうちに宣言**することが重要なのです。そうは言っても、財産を全部使い切る前に亡くなってしまうこともあるかもしれません。そこで、遺言書を書いてみてはいかがでしょうか。ご自身が法定相続通りで構わないと考えていても、自分の死後に「争族」が起きる可能性は十分にあります。その場合、遺言があればそれが最優先されます。

なぜ私がすすめるかといえば、遺言を書くことは「新しいことへの挑戦」であり、前頭葉を鍛えられるからです。いろいろインプットして、アウトプットする。法務局や公証役場に出向くことにもなり、そこでは「想定外」に出合い、新しい考えが浮かぶかもしれません。また、第4章の冒頭で指摘した資産の洗い出しとともに、自分の思いを整理することができます。何より「老いては子どもに従わない」という意思を示すことになります。

遺言書の内容は、子どもに伝えておいてよいと思います。最も孝行な者に領土を与えると三人の娘を試したシェークスピアの「リア王」みたいなのはなきにしも、子どもの考えを知る機会にもなると思います。

子どもに狙われているあなたの財産

あなたが、入居したい老人ホームに目星をつけていて、老後はそこで暮らしたいと考えているとしましょう。

老人ホームの部屋は、契約しても原則的に所有権は生じず、死ぬまで入っていられる権利を得るものです。例えば、都内の一等地にある超高級老人ホームに5億円払って入ったとします。償還期間は大体10年だから、10年以上生きると1円も戻ってきません。従って、高い老人ホームに入ってほしくないと思う子どもはいっぱいいるのです。

あなたが、自分が働いて稼いで貯めたお金だし、退職金と貯金で5000万円あるからあの老人ホームに入りたいと計画したとしても、子どもは遺産が減るのでおもしろくない。時期が遅れるほど、認知症の診断書をつけられて、あなたは判断力も意思力もないとされ

る可能性が高まります。相続財産を減らさないため、子どもは、それほどお金がかからない特別養護老人ホームならすぐ入っていいよとなり、あなたの意思は無視されるのです。認知症と判断されると、自分のお金を自由に使えない、食べたいものも食べられない。そういう事実があまりにも知らされていないことは不幸です。

だから、子どもの言いなりにならない、自分の意思をしっかり持って通すことです。**自分が稼いだお金は自分が自由に使う、誰に残すかも自分で決めるというのは当たり前の原則**です。そのために、先に説明した任意後見制度があります。

お金を残しておけば「安全安心」と考えるのは大間違いなのです。子どもたちは、その財産を虎視眈々《たんたん》と狙うようになってくると考えたほうがいい。

現在、終身雇用で年功序列の賃金体系ではなくなっているので、50歳代で生活に汲々《きゅうきゅう》としている人は結構います。少し前までの大企業のサラリーマンは、親の財産なんか当てにしなくても、退職前には1000万円近くの年収があり、退職金もたくさんもらえて老後はいい暮らしができるだろう、でした。しかし、今は会社を辞める前には役職定年で年収は半減、ややもすると300万円になってしまう。退職金は1000万円あれば御の字。60歳過ぎての再雇用は雇ってやるだけ感謝しろみたいな超低賃金。そんな時代になってしまいました。非正規雇用だと退職金もありません。だから、子どもは親の財産を頼りにするというか、悲しいかな、親の財産をどうやって取り上げるかということになりがちなのです。片や、80歳ぐらいの親は、いわゆる勝ち逃げ世代だから貯金もあり、年金もまだ手厚い。国民年金、厚生年金に企業年金を合わせたら月50万円もらっている人はいます。それだけに、子どもに財産を狙われやすいのです。

ボケたら遺言は作れない

高齢者は認知症になる前に準備をしておかなければいけません。みんな、自分は認知症にならないと思い込んでいるけれど、残念ながら年をとればみんな軽い認知症になります。今の医師たちは、長谷川式スケールなどの記憶力テストのようなものの点数だけで認知症かどうかを決めてしまう。子どもにテストを受けさせられて、後見相当と判断されてしまう。裁判官も成年後見を付けるかどうかについては、長谷川式スケールの点数でほぼ事務的に判断してしまう。ボケていないのにボケにされてしまうリスクがあるのです。

長谷川式スケールの認知症テストで20点以下だったら認知症が疑われ、10点以下だったら判断能力なしとされてしまうのです。しかし、直前の出来事を忘れてしまったり、勘違いや同じことを何度も繰り返して言うようになったりする軽度の認知症の人だったら、運転であろうが家事であろうがだいたい何でもできます。長谷川式スケールで20点の人でも普通に生活できます。日本ではいまだに認知症に関する誤解があるのです。

理解してほしいのは、認知症は特別な「病気」ではないということです。正常な認知機能(記憶や判断を行う脳の機能)が何かしらの原因で低下し、生活に支障を来すようになった「状態」です。遅い早いは別として、みんな脳にアミロイドβというタンパク質がたまり、アルツハイマー型の変性は起こります。だから、**認知症は病気ではなく老化現象の一つ**なのです。

日本には現在、認知症と診断された人が500万人います。人口の5%、およそ20人に1人です。年代別の人口比をみると、70歳前後で3%、75歳7%。80歳だと16%。85歳になると32%に増え、90歳で50%、95歳では約80%になります。90代になると、認知症が「普通」になるのです。

脳の老化は遅らせることができても、止めることや新しい脳に取り替えたりすることはできません。もちろん頭を使い続けることでボケを先送りすることはできます。しかし、誰にでも訪れるという前提で備えることが大事です。

だからこそ、認知症と判断される前にやっておくことがあるのです。この本の主題である財産断捨離、つまり自分の財産を自分のために使い切ることはもちろんですが、忘れてはいけないのが遺言を残すということです。遺言は自身の財産の処分についての意思表示です。**認知症と診断がついてしまってからでは自身で作成ができません**から、早く行動を起こすべきです。

遺言には自筆証書、公正証書、秘密証書の遺言があります。近年の民法の改正で、作成しやすくなりました。詳しくは第7章にある山本英生税理士の解説を参照してください（189頁）。

任意後見という選択肢

遺言の作成以外に、ボケてしまう前にやるべきことはまだあります。その一つは任意後見人を付けておくことです。

今の子どもの中には、親の判断力が落ちたら、簡単に成年後見を付けてしまう人がいます。特に中途半端に財産がある人は、そのリスクが大きいと私はみています。子どもを後見人にしようとすると、兄弟姉妹のうち誰が後見人になるかでもめることが結構多いのです。

それに対して、任意後見というシステムは、この人であれば、自分があの老人ホームに入りたいと言っておけばボケてしまった途端に態度を変えることはない、自分はカレーを食べたいのにボケているから焼きそばでいいだろうなどと勝手に変えることもない、というような自分が信頼できる人を後見人とすることです。一般的には弁護士が多いようです。定評のある任意後見人を選んでおくことは転ばぬ先の杖。そのためにはお金がかかるので、このことも財産断捨離の選択肢に入れてほしいと思います。

認知症の一歩手前といわれるＭＣＩ（軽度認知障害）という状態があります。

厚生労働省の定義では、

①年齢や教育レベルの影響のみでは説明できない記憶障害が存在する

②本人または家族による物忘れの訴えがある
③全般的な認知機能は正常範囲である
④日常生活動作は自立している
⑤認知症ではない

「物忘れ」の症状としては、**▽置き忘れやしまい忘れをすることが多くなった▽数分前に聞いた話を思い出せないことがある▽同じことを言ったり聞いたりする▽今日が何月何日か、何曜日か分からないことがある▽物の名前が出てこないことがある、**など認知症と似ています。

「少し物忘れが増えてきた」「料理や洗濯などの家事に以前よりも時間がかかる」といった症状が見受けられたなら、生活が普通にできているから大丈夫と放置するのではなく、医師の診断を受けると同時に、任意後見を考えてみてはどうでしょうか。

老人ホームに入ることを考えておく

日本人の健康寿命はあまり延びていないので、いつかは脳や心身が衰え、ほとんどの人が要支援や要介護の状態になります。

　寝たきりや認知症になった場合、在宅介護は心身ともに家族に大きな負担をかけます。在宅介護が2～3年続くと大体の家族は疲弊します。認知症の場合には、面倒をみても感謝されないどころか暴言を吐かれたりする。とりわけ、老老介護の場合には、介護する側も高齢者ですから、その疲弊は並大抵ではないでしょう。ストレスがたまってくると介護虐待に陥る家族もいます。介護される方も、迷惑をかけているという気持ちが強くなっていき、認知症を進行させることにもつながります。

　私はその時が来たら自宅での生活にこだわるのではなく、施設に入所することを想定し、家族にも伝えておいた方がいいと思います。**元気なうちに、あるいはボケの予兆を感じた時に、入る施設を自分で決めておくのです。**大概の老人ホームで体験入居ができます。必要なら任意後見人を立てて、お金の面でもきちんと準備しておくことです。認知症と判断されてしまったら、入りたい施設に入れないかもしれません。認知症になる前は、「もし認知症になったり寝たきりになったりしたら、家族のためにも施設に入れてくれ」と言っていた人も、認知症になったらそんなことは覚えていませんから、自宅に執着し、家族は困り果てるということもあります。

そのようなことを避けるためにも、元気なうちにきちんと決めておくことがあなた自身にとっても家族にとっても幸せです。施設入所のために「老後の蓄え」をするのは大賛成です。

2000年に介護保険制度が始まってから、有料老人ホームの料金は、それ以前に比べ格段に下がりました。社会福祉法人などが運営する特別養護老人ホームであれば、より安い料金で入ることができます。特別養護老人ホームは、原則「要介護3」以上でないと入所できないので、まずは民間の有料老人ホームのあたりをつけておいてはどうでしょうか。ほとんどの施設は見学OKなので、まずは出かけてみる。結構、「想定外」に出合えて楽しいかもしれません。掃除も行き届いていて綺麗で、仮に必要になった時には介護が受けられる。

現在、ほとんどのケースは自宅介護や遠距離介護が困難になった場合、その多くは家族がいろいろ見学して施設を決めるものです。場合によっては、とにかくすぐ入所できるところ、遺産が減るからできるだけ安いところに入れようとなるかもしれません。それより、環境的にも金銭的にも自分が将来入りたいところをきちんと決めて、任意後見人に託しておくのがよいと考えます。

ただ、施設の最大の難点は、例えば住居型の有料老人ホームであるにもかかわらず、たばこを吸ったり酒を飲んだりすることに対し非常に厳しいところがあることです。食事は食べる時間が決まっているし、好みに合わないものが出てくることもある。食事があまりおいしくないことがありますが、意図的にまずいものを作っているとか、食材を安くしているからではなく、〝健康〟という名のもとに塩分や脂分が少ないものが出されるからです。夜中にラーメンが食べたくなっても食べられない。どんなに高額な老人ホームでもいろいろな制約があることは知っておいたほうがいいです。

だから私は介護ロボットの開発を進めてほしいと訴えているのです。施設に入らずに自宅に住み続けることができる。夜中にラーメン屋さんに連れていってくれるような介護ロボット。そんなロボットが実現すれば、私は絶対買います。

ヘルパーより民間の家事代行サービス

介護保険でヘルパーによる訪問介護は、要介護1であれば週3回などの制限が設けられています。時間は1日2時間。民間の家事代行サービスは1時間2000〜3000円。高いといえば高いけれど、お金を残しているのでしたら可能ではないでしょうか。

介護保険は意外と制約が多く、民間サービスも使うことを考えておいたほうがいいです。

1日1万円支出できるのなら、1日だいたい4時間民間サービスが使えます。4時間あれば、食事を作って、掃除してもらうのも可能です。

多くの高齢者は、財産を減らしてはいけないと思っているから、民間サービスという発想にならない。例えば、民間サービスを使うことで月10万円の赤字になったとする。2000万円貯めている人であれば、それで200カ月分を賄えます。つまり、公の介護保険がやってくれること以外のことに「老後の蓄え」を使うという発想です。介護保険でカバーできる範囲は限られているので、カバーできないところは結局、家族がみることになってしまっています。お金を残そうとしないで自分の介護に使うようにすれば、家族の負担を減らすことにもなります。

終活なんてことをやるよりも、本当のところ自分がいくらまで使えるかを計算して、その範囲内でどのようなことが可能かを考えてみて下さい。そして、近隣に民間の家事代行サービスがあるのか確認し、試しに使ってみるのもよいでしょう。体がいうことをきかなくなってからも、だれにも迷惑をかけずに生活する。その下準備をするということです。

葬式と墓のはなし

葬式や墓に関しても考えておいた方がいい。私は先日、大きな葬式に参列してきたのですが、忙しいであろう昼間に結構多くの人が来ていました。私は自分の葬式について考え、来てくれる人にあまり迷惑がかからないようにとか、本当に身内感のある人だけにしておいた方がよいのではないかと思い至りました。

葬式代くらいは残しておきたいという人は多いようですが、今、葬式に関しては完全な価格破壊が起きていますので、数百万円といった金額は必要ないでしょう。私の父親の時は急に亡くなり、大阪に住んでいたこともあって、そんなにお金をかけなくてもいいのではということになりました。集まった身内は8人ほど。全部で40万円ぐらいしかかかりませんでした。それでも父をきちんと見送ることができました。やる気になればもっと手頃な値段で葬式はできるので、葬式代を残すことはあまり気にしなくていいと思います。もし儀礼にこだわらないのであれば、火葬のみの直葬も選択肢です。直葬の場合、公営の施設利用で、10万円以下の費用でできることもあります。

なお、国民健康保険や後期高齢者医療保険に加入している人が亡くなった場合、地元自治体から葬祭費や火葬料、埋葬費の一部が支給される場合があります。概ね3万円から7万円で、葬儀等が終わった後の申請が必要です。

父の墓に関して言えば、私はもともとの墓がある大阪にお参りに行くのは大変だったので、そちらは墓じまいして、都内のマンション型の納骨堂を探して納めました。近いので年に2回はお参りしています。私自身は「散骨」をしてもらうつもりです。

「墓じまい」が話題になることも多い昨今。子どもが地元を離れたり、親族が減ったりして、自分の死後、代々の墓が今後どうなるのかと心配されている人も多いと思います。実際に全国各地で墓の継承者がいない「無縁墓」が増えています。こういった問題についても先送りせずに、今こそ自分事としてとらえて検討し、必要に応じて行動に移すことが大切だと考えます。

まずは自分の葬式や墓について、希望があるのなら、それをきちんと整理し、残しておくことから始めましょう。葬式にどうしても呼びたい人がいるのであれば書き記しておけばいいのです。そして、相応の費用を信頼できる誰かに託しておくのが適当ではないでしょうか。親族が少なく疎遠の方や、おひとり様の場合にはなおさら必要となります。

第6章

高齢者の消費が日本の未来をつくる

名ばかりのシルバー民主主義

日本はシルバー民主主義と言われて久しい。シルバー民主主義とは、有権者の中で高い割合をしめる高齢者の投票率が高いことから政治への影響力が強く、高齢者向けの施策が優先される政治のことです。しかし、本当に高齢者の利益は優先されているでしょうか。街を見回すと、道路には多くの歩道橋がかかっているのに、エレベーターやエスカレーターがついているところはほとんどありません。歩道も整備されているけれど、高齢者が休むベンチは見当たらない。外出した際、一休みできる環境を作ることは、高齢者をヨボヨボにするのを防ぎ、ひいては社会保障費の増加抑制につながるはずです。

保育園の待機児童はかなり減少しているのに、特別養護老人ホームの待機者は全然減りません。高齢者から免許を取り上げている国も日本だけです。年金の受給開始年齢は、財務省の言いなりで高齢者を無視して遅らせています。自民党や公明党は支持者が高齢化しているので高齢者の味方だと勘違いしている人がものすごく多い。しかし、年金受給開始を遅らせたのも、運転免許更新時、75歳以上に無理やり認知機能テストを義務付けたのも、自公政権が閣議決定でやってしまったのです。

選挙では、「あなたの一票で世の中が変わる」とよく言われます。でも一向に変わったためしがない。

考えてみてください。自民党は親米政党ですが、立憲民主党が親中政党かというとそんなことはありません。立憲民主党が政権をとったら不平等な日米地位協定が変わるかというとそんなことはないでしょう。また、消費税を下げると主張している政党はあるけれど、企業の内部留保に課税すると訴えている政党はない。私は、高齢者医療を臓器別の大学型医療から、科を横断する総合診療に変えようと主張し続けていますが、そのようなことに着目している政党はない。だから高齢者医療は変わらない。

2024年10月の衆院選。この選挙で非常に意義深かったのは、自公の与党が過半数を取れなかったがために、予算委員長の座を立憲民主党に明け渡したり予算成立のために野党と政策調整をしたりするような状況が誕生したことです。

その直前までの自公政権は、私に言わせれば「民主主義の敵」。やりたい放題なうえに閣議決定で重要な政策をバンバン決めて、それがそのまま通る。国会なんて無きに等しかった。

政府や政党が出してきた予算案や法案を国会で与野党が熟議して結論を出すのがあるべ

き姿です。2024年衆院選後の今、それが実際に行われているわけで、自公に二度と過半数を取らせてはいけないという教訓をこの選挙は国民に与えたのです。自公政権が決めたことではない要求が通る可能性が、選挙で起きるということを知らしめたとも言えます。官僚も自民党にばかり忖度している状況ではなくなりました。そういう意味で、あの選挙は意味があったのです。

しかし、今後、世の中ががらっと変わるかというと、恐らくそうではありません。

5万円の消費で社会を変える

「あなたの一票」で社会を変えるのはなかなか難しい。では、何で変えられるか。私は「あなたの5万円」の消費で世の中を変えることはできると信じています。高齢者はお金を貯め込むのではなく、積極的な消費行動に打って出ることです。高齢者はこのようなものにお金を使うということを示すのです。

例えば、高齢者がファッションにお金をかけるとなれば、ファッション業界は大きく変わるでしょう。欧米では、高齢者の方がファッションにたくさんお金を使います。シャネルのスーツを買うのは高齢の女性です。私は映画の仕事で時々モナコに行きますが、かの地でフェラーリから降りてくるのは、若者ではなくファッショナブルな高齢者です。今の日本の多くの高齢者が、いかにも年寄りっぽい服ではなく流行を取り入れた服にお金をかけるようになれば、ファッション企業は、その嗜好に合わせた服をどんどん作って、儲けようとするでしょう。

日本は高齢者産業が世界一進んでいるとなれば、日本が世界をリードする国になる可能性は大いにあります。「高齢者ビジネス」というカテゴリーで世界の産業を引っ張るのです。世界で一番高齢者が乗りやすい車を作る、世界で一番高齢者が使いやすいスマホを作る……というのが日本の進むべき道なのです。

政治はどこを向いている？

過日、台湾で開かれた高齢者医療についての講演会に出席しました。講演会では、半導体受託製造世界最大手TSMCの創業者モリス・チャン氏の妻も発言。その中で「もう日本に負けるものは何もない」と断言していました。

これは、日本にとってすごいヒントになるのではないでしょうか。50年前、アメリカも日本も台湾と国交を断絶し、中国と国交を結びました。ところが今、アメリカは台湾と国交がないのに「もし台湾が中国に攻められたら守る」と言っています。日本とアメリカには、日米安保体制があり、日本はそれを最重要視しています。台湾はアメリカと軍事同盟どころか国交も結んでいないのに、アメリカは「守る」と言っているのです。これはTSMCを中国に取られたくない一心からです。TSMCが中国の傘下に入ったら、世界経済だけではなく政治も軍事も中国に握られてしまいます。これが意味するところはつまり、教育レベルや科学技術レベルを引き上げることが最大の安全保障につながるということです。

にもかかわらず、日本は、先代の業績を引きずる世襲議員だらけのせいか、教育や科学技術向上に金を使わず、武器を買うことには熱心。台湾のように、安保条約や軍事同盟ではなく技術力で国を守るという発想の政党は日本では見当たりません。台湾にとって半導体製造技術は国の生命線。だから、ITに精通するオードリー・タン氏のような人物を閣僚にして大事にするわけです。日本では、デジタル大臣がITとAIの区別がつかないようなレベルです。日本が高齢者産業で他国の追随を許さない先端科学技術を有すれば、それは安全保障に資すると確信します。

ITリテラシーの高い高齢者が与える社会へのインパクト

高齢者はITのリテラシーを高めています。

総務省の通信利用動向調査（2023年）によると、60～69歳の人の78・3%、70～79歳の人の49・4%がスマートフォンを利用。インターネットの利用は、60～69歳で90・2%、70～79歳で67・0%に達しています。インターネット利用機器では、パソコン、タブレット端末と比べてスマホが断トツです。

将来、スマホを使える高齢者の割合はもっと多くなるでしょう。例えば、スマホアプリのタクシー配車サービスの使い方を覚えたら、高齢者はものすごく外出しやすくなります。だから、高齢者が生活しやすくなるようなアプリを開発すれば儲かるのです。高齢者のいいところはロイヤルティーが高いこと。1回、配車サービスを使って便利だったら、ずっと使います。ウーバーイーツもけっこう高齢者が使っているようです。便利で安い。私の家の近くには、インド料理店がいっぱいあります。夜行くと客がいない。なぜこの店は潰れないのだろうと考えたら、1時間に3～5件ウーバーイーツが取りに来ているのです。それで店が成り立っている。配達先は高齢者が多いのではないか。若い人は外に食べに出

かける元気もあるし、晩飯に２０００円超を使うのはちょっと躊躇するでしょう。少なくとも毎晩は無理。牛丼にしようかとなる。でもひとり暮らしのお年寄りは、毎晩、夕食に２０００円使っても、年金をある程度もらっているのだったら余裕です。

ウーバーイーツのテレビＣＭには、少し前まで70歳超の俳優、夏木マリさんがおばあちゃん役で登場していましたが、これはいい。それを見てたぶん高齢者の方は「私も頼んでみようかな」となったでしょう。

徐々にではあるけれど、高齢者が新しいサービスに挑戦し、市場を変え始めています。問題は、経営者と彼らを支援するコンサルタントに知恵が足りないことです。新しいビジネスの創出という点で、高齢者に目がいっていない。

これを私が痛感したのは、『80歳の壁』（幻冬舎新書）が売れたときです。意外なことが二つありました。一つは〝最大瞬間風速〟とはいえＡｍａｚｏｎの書籍売り上げで1位になったこと。世間で言われていた高齢者はＡｍａｚｏｎなんか使えない、使わないというのは嘘だと分かった。意外に電子書籍でも売れていた。電子書籍は紙の本と違って画面の字を大きくできるから高齢者に便利なのです。

もう一つは、高齢者向けの私の本が、郊外型書店で売れていること。従来のベストセラーのセオリーは、新宿の紀伊國屋書店など都市部の大型店で1位になることだったけれど、高齢者の多くは郊外型書店で買っているのです。これが意味することは何か。地方の高齢者はみんな、自分で車を運転してイオンなどの郊外型ショッピングモールに日常的に行っていることを実感しました。モールだったら、暑かろうが寒かろうが、雨が降っていようがいまいが、関係なく中で散歩ができる。ベンチもあるし、トイレもいたるところにある。エスカレーターやエレベーターもきちんと整備されている。飲食もできるうえ、様々な店に立ち寄り買い物ができるので刺激的。こうしてモールを活用することは、同時に前頭葉や体にもいい。免許返納などと言っている場合ではないのです。

この事実からすれば、モールには映画館も入っているから、高齢者が見たいと思う映画を作れば絶対入る。今の主流の若者に迎合する映画ではなく、故伊丹十三監督が作った映画のように、高齢者が見て楽しめて元気になれる映画。映画を作る側も高齢者が世の中を動かしているという認識を持つことが必要だということです。

81歳でスマホのゲームアプリ『ｈｉｎａｄａｎ』を開発した若宮正子さん（89）が興味

深いことを言っていました（毎日新聞2025年1月1日付朝刊）。曰く、「政府のデジタル推進策は、若い人が若い人たちのために考えて作った内容を『年寄り』に押しつけているように見える。年寄りというものを分かっていない」。また、若い人に比べればITになじみが薄い高齢者に呼びかけています。「年寄りもデジタルを使って情報収集をし、情報の信頼度を判断できるようにならなければならない。AIはそれを手伝ってくれる」と。若宮さんは、年寄りも遊べるアプリを若い人に頼んだら、「お年寄りの好みが分からない。自分で作りなよ」と言われ取り組んだそうです。もはや高齢者の好みが分からない人の方が時代遅れの社会となりつつあるのです。

人生を楽しむことが一番の社会貢献

私は、家業を継ぐ以外のケースでは、子どもへの遺産相続はすべきではないと先に主張しました。すなわち、相続税100％でいい。下手に財産を残すことは、「争族」のもとになりますし、多額の遺産は子どもにプラスになるとは思えません。子孫に何かをしてあげたいなら、教育費などをもっと若い時に出してあげればいい。それをしないで貯め込むから、子どもたちが相続でもめることになる。

そもそも、遺産相続が認められることのどこが資本主義なのでしょうか。多額の遺産を受け継いだ人が社会の勝ち組になる。政治の世界で世襲議員が幅をきかせているのは非常に封建主義的で不公平です。それより、遺産は全て相続税として１００％徴収して、若い人の社会保障の負担を減らすようにしたほうが、ずっと「新しい資本主義」であり、経済成長にも資すると考えます。

日本全体の金融資産の60％を60歳以上が保有しており、しかも60歳の時より75歳になってからのほうが貯蓄は増えたという人が少なくありません。しかし、相続税が１００％になれば、貯め込むのがバカバカしくなり、死ぬまでに、自分のために財産断捨離しておこうという気持ちになるのは間違いありません。

先の衆院選では、意図的に高齢者が立ち上がったわけではありません。単に自民党が裏金問題でへまをしただけですが、政治はここから学ばないといけません。高齢者は本当に怒っているということを示すべきです。真にリアルなシルバー民主主義の社会になれば、高齢者は自分のために惜しまずお金を使うようになるでしょう。日本の景気がよくなるだけではなく、高齢者のみならず全ての国民にとって暮らしやすい社会になるのです。

「財産断捨離」ということで、本書では、財産は子どもに残すのではなく、自分が作り上げた財産は自分の思い出作り、楽しみのために使って下さいと繰り返してきました。それは高齢者のエゴでは全くありません。**お金を使って人生を楽しむとは、社会に高齢者のニーズを伝え、みんなが暮らしやすい社会をつくることにつながります。**それは、最大の社会貢献だと思うのです。

第7章

知っておきたい相続と遺言の基礎知識

ここまで、高齢者になったら自身や家族のために積極的にお金を使うことで、ボケを先送りさせ、健康的で楽しい余生を過ごすことができる、と述べてきました。また、高齢者がどんどん消費をするような商品やサービスの開発が望まれ、政治もまたそれを後押しすべきなのだと指摘しました。

それにもかかわらず、日本の高齢者の多くはお金を使わずに貯め込み、土地・建物などの資産も所有している。そして、死期が間近になっても生活や介護の不安からか、それらを使ったり処分したりしないまま亡くなってしまうことも多い。その結果、残された家族間でのもめごとが多く発生していることについても注意喚起しました。

本書をお読みになった方には、自らのお金や財産を自らのために積極的に使うことで、死のその瞬間まで充実した暮らしを実現していただきたいと改めてお伝えしたい。そしてこのことは、見苦しい「争族」を避ける意味からも、大変重要なことであることも申し添えたい。

それでも思うようにお金を使えなかったり、特に都市部に不動産を持っていたりする場合には、ご自身の死に際しある程度の財産が残ってしまうことでしょう。その可能性があるならば、少なくとも死後に自分の財産が自分の考えに基づき処理され、また子どもなど家族間でのもめごとが起こらないよう、自らの手で対策を講じ、実行に移す必要があります。先述のように、認知症と診断されたら、法的には自分で何も決められなくなってしまいますから、のんびりしていられません。

特に「争族」を避けるためにはお金や税に関わる最低限の知識を得ておくことが重要です。そこで、相続に詳しい税理士で1級ファイナンシャル・プランナーの山本英生氏に、高齢者が押さえておくべきいくつかのポイントを以下に解説してもらいました。

小金持ちの「争族」が増えている

私（山本英生）は全国で税や老後生活に関する講演活動をし、いろいろな相談を受けています。和田先生が指摘されたような「争族」に関する相談は年々増加しています。しかも大金持ちよりむしろ小金持ちの方がもめるケースが多いのです。最高裁判所の「司法統計年報」によると、家庭裁判所に申し立てられた遺産分割事件の調停・審判新受件数は、1995年に9728件だったのが、2023年には1万8066件になり、27年間で約1・9倍に増加しています。

家庭裁判所に申し立てられた遺産分割事件の調停・審判新受件数

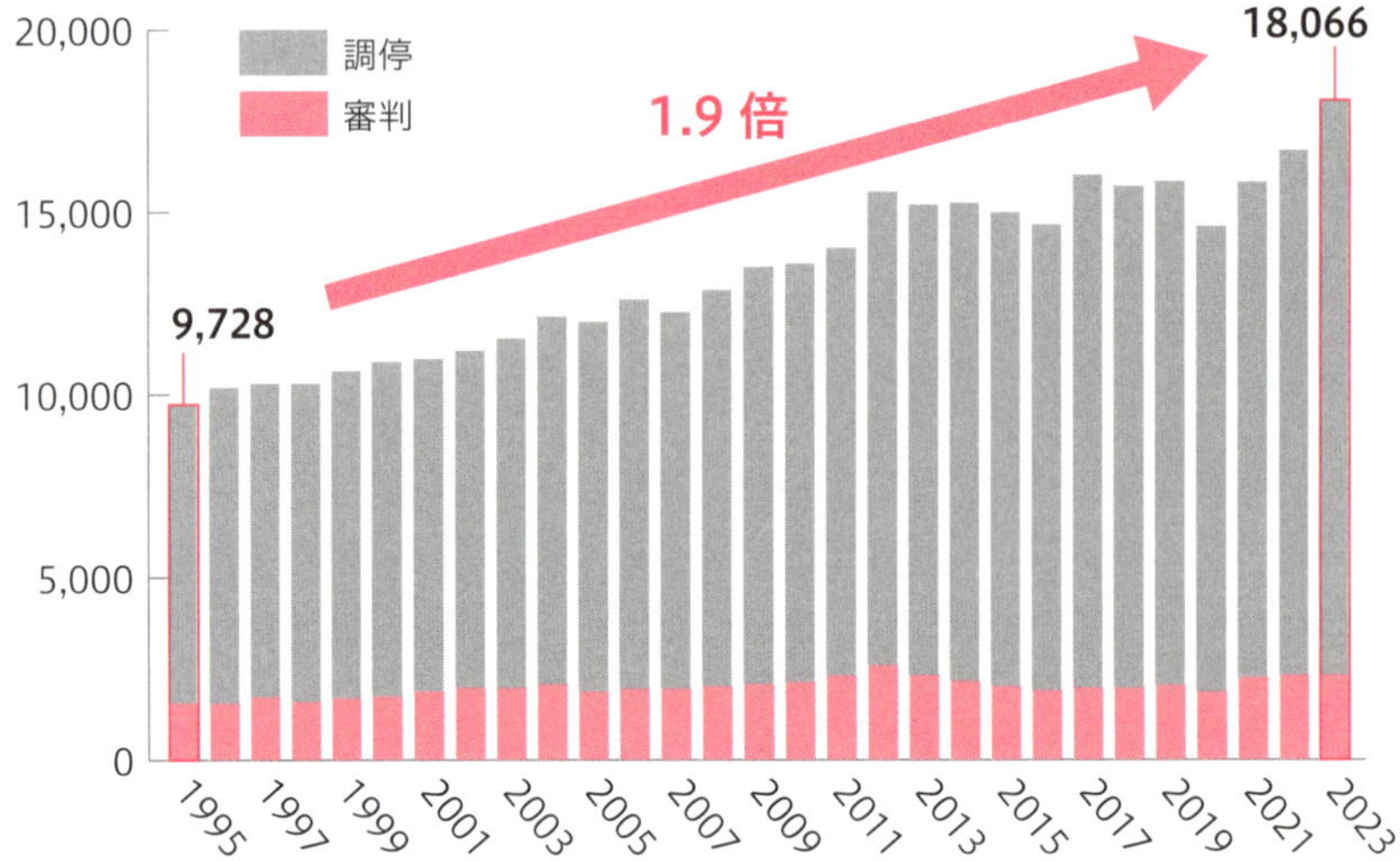

原告の請求が承認されたり、調停が成立したりしたケースの遺産価格（2023 年）

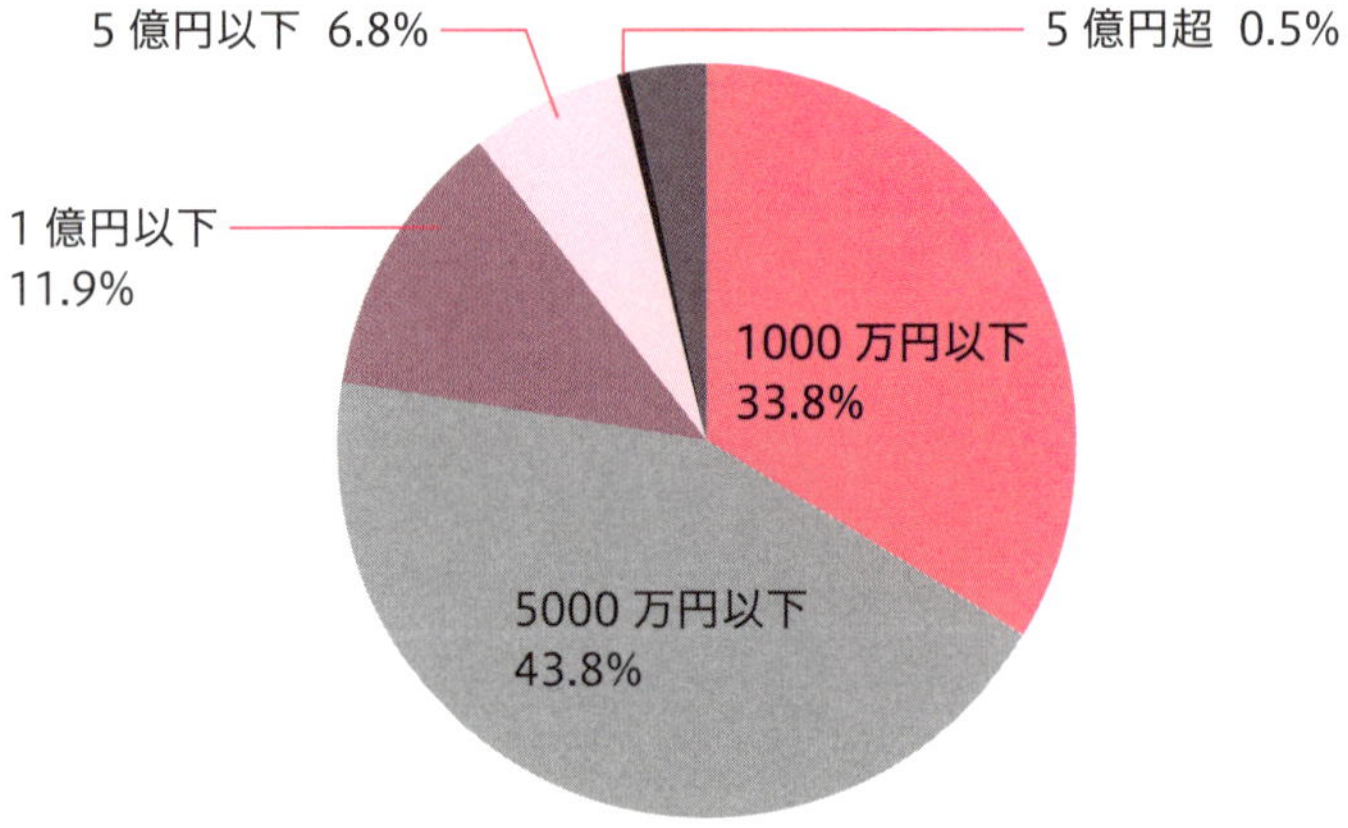

遺産分割でトラブルになり家庭裁判所に申し立て、原告の請求が承認されたり、調停が成立したりしたケースの遺産価格をみると、2000年には「1000万円以下」は19・0%。「1001万円以上5000万円以下」が40・5%と最多でした。これが、2023年には、「1000万円以下」が33・8%と大幅に増加しています。「5000万円以下」は43・8%で、合わせると77%を超えているのです。ちなみに、1億円以上の方の割合は減っています。資産が1000万円以下ですと相続税はかからないし、5000万円でも相続税額的にはそんなに大きくはない。にもかかわらず、こんなにもめているのです。

絶対押さえるべきは「基礎控除」

ここでまず、相続税の基本を押さえておいていただきたい。

相続税は、課税対象の資産の合計金額から基礎控除額を差し引いた金額に課税されます。**基礎控除額は、3000万円+600万円×法定相続人の数で算出**されます。基礎控除額を超えなければ相続税を払う必要はありません。5000万円の相続遺産の場合、残されたのが配偶者と子供1人の場合、基礎控除額は4200万円で相続税は40万円。配偶者と子供3人の場合ですと基礎控除額は5000万円を超えるので、相続税はゼロとなります

（法定相続人が法定相続に応じて相続し、配偶者税額軽減のみでの算出）。

国税庁が公開した2022年の相続税の申告状況によると、同年に亡くなった方は約157万人で、うち相続税の課税対象となった人は約15万人。割合にして9・6％でした。つまり10人亡くなって、相続税を納めなくてはならないのは1家族ぐらいです。ただし、東京都内ですと18％とほぼ倍に増えます。相続税の課税対象は、金融資産、証券、不動産、自動車、ゴルフ会員権、家財一式、骨董品などです。東京は不動産価格が高いので、相続税にも影響してくるのです。地方の場合、100坪を超えるなど敷地が広い。そうすると主要都市では坪単価が30万円になることもあり、100坪あったら3000万円になってしまう。加えて預貯金がある程度ある場合には、相続税を払わなければならなくなることも生じます。近年は、バブル期の再来というぐらい地価が上がってきているので要注意です。

バブル期は相続税がかかる方が増えてきたので、政府は基礎控除額を引き上げて、相続税を抑えてくれましたが、財政が悪化している今はそれを期待するのは無理です。まずは、自分が亡くなった場合の基礎控除額がいくらなのかを認識しておくことがより重要になっています。

ところで、リタイアした高齢者とは関係ありませんが、現役サラリーマンが亡くなった場合、相続税対象の範疇《はんちゅう》に入ることが多くなっています。現役だとおそらくお子さんは小学生や中学生。そうすると、生命保険は3000万~4000万円は加入されています。住居に関しても、多くの方が住宅ローンとセットで団体信用生命保険に入っているでしょう。会社からの退職金や弔慰金も加えると軽く基礎控除額を超えてしまうのです。

株式にも相続税はかかる

財産で注意してほしいのが定年後もそのまま持っている株式です。メーカーや金融機関に勤めていた方は、在職中に持ち株会などで自社株を買い続けた方が多い。とくに一部上場企業に勤めていた方に多いと思います。

私は仕事で全国を回っていますが、名古屋を中心とした東海圏には特にメーカーに勤めていた方が多い。メーカーOBの方は、会社に勤めている間、律儀に月2万円とか3万円とか自社の株を買い続け、しかも手放さずにずっと持っている方が多いのです。今の60代や70代の方々は、バブル後の「失われた30年」を過ごしていますから、あの時期に低い価格で株を買い続けた。それが今、株価は非常に高騰しているので資産価値が大幅に増えている。結婚・出産を機に会社を辞めた女性が、働いていた時に毎月2万円分ずつ買った株が今、億単位になっているという話もあるくらいです。

問題は、そのような株式にも相続税がかかってくることを知らない方が多いことです。今、株を持っていて配当も結構ある。株の配当は20・315％の源泉分離課税で所得税の確定申告には加えなくて大丈夫ですが、死亡時にはすごい財産になってしまう可能性があることは頭に入れておく必要があります。

また、勤めていた本人だけしか株式の存在を知らず、家族が知らなかった、ということもままあります。後からもめる原因ともなりかねませんので、家族間での情報の共有は大事です。

個人年金は一括請求か、分割請求か

高齢者の相談で多いのが、民間の個人年金に入っている方の「一括請求がいいですか、分割請求がいいですか」という質問です。入っていた個人年金をまとめてもらった方がいいのか、年ごとに分割でもらった方がいいのかということです。

課税の面でみると、分割でもらうと雑所得となり、受取年金額から必要経費を引いたものが所得税や住民税の課税対象になります。必要経費というのは、加入してから支払った保険料の総額を受け取る年数（確定年金の場合）で除して計算します。例えば、１００万円もらって必要経費が80万円だったら、20万円が課税対象になります。

これに対して、個人年金を解約して一括請求をすると、確定年金の場合、一括請求は一時所得となります。一時所得は、受け取った一括請求額から正味払込保険料と特別控除額50万円（ほかに一時所得がない場合）を引いた金額を2分の1した金額が、他の所得と合算されて課税対象となります。どちらが得かは他の所得などで違ってきます。また、年金は収入になりますので課税だけでなく社会保険料の負担にも差が生じることもあります。

つまり、どちらが得になるかは、その方の加入した年の予定利率、今後の収入、介護や病気になるか否かなど、ケースバイケースになります。

生命保険の解約も同じです。解約返戻金を一時金で受け取った場合には、一時所得として課税されます。一時所得は、解約返戻金から既に支払った保険料の総額を差し引き、さらに特別控除額50万円を差し引いた金額の2分の1の金額となります。解約すると、税金はかかりますし、所得が増えて社会保険料の負担が増えるケースも出てきます。

生命保険の受取人は子どもに

私は「生命保険の死亡保険金受取人は絶対、子どもにした方がいい、配偶者はよろしくない」とアドバイスしています。というのも、配偶者もそんなに遠くない将来、亡くなることが考えられるからです。和田先生が「お金は自分のために使いなさい」とおっしゃっている深い意味は重々分かります。しかし、高齢の配偶者が数千万円残されても一人では到底使いきれないのです。子どもを受取人にしておいたほうが、介護など面倒をよりみてくれるかもしれません。ただ、老人ホームに入るのにお金がないという場合などは、一部減額も選択肢としてはあり得るでしょう。

生命保険を解約した場合、その受け取った金額分は、相続財産が増えてしまい、そのために基礎控除額を超えてしまうことも想定しなければなりません。例えば、妻と子ども2人が残された場合、基礎控除は4800万円です。現在、都市部に自宅があると、土地の評価額が2000万円や3000万円というのはざらです。3000万円だとすると、残りの基礎控除額は1800万円しかありません。既に持っている金融資産に生命保険の解約返戻金が加わったら、軽く基礎控除額を超えてしまうでしょう。ここでも**基礎控除は、**

基本中の基本。これを超えるか超えないかで考えてほしいのです。

しかし、生命保険の死亡保険金はご自分が保険料を負担してご自分が加入し、死亡保険金受取人が法定相続人の場合は「500万円×法定相続人の数」までの金額が非課税です。やむなく解約せざるを得ない方は別ですが、資産のある方は、非課税の保険金は置いておきましょう。

アパート投資は、死後のことを考える

不動産を購入すると、相続財産としての評価が低くなるので、財産に余裕のある人の中には買う人は多いです。最近ではマンションなどの一括購入。マンションの家賃収入を老後の生活の足しにしようというわけです。

昭和30年代ごろは、夫が死んだら、妻は受け取った死亡保険金で下宿屋を始めるというケースが多かったそうです。働かなくても下宿代の収入で生活できる。その頃は、夫を亡くした女性の仕事はあまりなかったからでしょう。

それに近い発想が今も続いているような気がします。自宅をアパートに建て替え、本人夫婦は1階に住んで2階と3階をアパートにして貸すとか、逆に1階から全部アパートに

して最上階に住んでいるという方は多い。確かに働かずに収入を得られて生活できるのだからうらやましい限りです。しかし、亡くなった後の相続のことを考えておいてください。

過日、都内の町工場が集まるエリアでセミナーをしました。来て下さった方はほとんどが中小企業の社長さん。小さな工場をアパートに建て替えて、アパート経営でかなりの収入を得て暮らしている。1階に事務所を置けば、その家賃も経費で落とせるわけです。しかし、死後に子どもたちがそのアパートをどう分けるかという相続の話になると、考えていないのです。

また、賃貸ではないが、1階に本人夫婦、2階3階には子どもたちがそれぞれの家族で住んでいるというケースもあります。子どもや孫が近くにいて本人夫婦は本当にお幸せだと思います。でも、いざというときにこれをどうするつもりなのかも同様です。不動産価格は上がっています。共有名義ではもめごとの先送りにしかなりませんので、区分所有にして土地の権利を子どもに分ける、売却してお金で分ける、などの方法を説明するしかありません。

このようなケースを含めて、私がセミナーでまず強調するのは、相続人の確認です。男性だったら、外に認知した子供はいませんか、と。実は、結構多いのです。今90代で企業経営者だった方などにはいらっしゃる場合があります。認知した子どもがいて、後から分かると相続でもめることも起こり得ます。

先ほどの相続税の基礎控除を思い出して下さい。3000万円＋600万円×法定相続人の数です。つまり、子どもが多いと基礎控除額は上がります。

これは養子についても同じです。民法では、養子と実子の法定相続分に違いはありません。法律的な親子関係が成立するので、親子になったからには実子と同じだけの権利が認められ、養子だからといって法定相続分が減らされることはありません。ただし、法定相続人として数えられる養子の数には決まりがあり、実子がいる場合には1人まで、実子がいない場合には2人までとなります。なお、基礎控除額を上げる、すなわち税金対策の養子縁組の有効性については、最高裁の判例でも認められています。

相続税を相続後に下げる方法

基礎控除額を知ることは基本中の基本と申し上げました。しかし、これを超えてしまう場合もあるわけで、その時には相続税申告が必要になります。生前贈与も、贈与を誰が受けたか、またその贈与方法によってはせっかくの贈与が相続税の課税価格に加算されてしまいますので注意してください。

相続税が発生した後に、相続税を少なくしたいなら、二つ大きな特例があります。

それが「配偶者の税額軽減」と「小規模宅地等の評価減」です。

「配偶者の税額軽減」では、配偶者が受け取った相続財産が法定相続分までであれば相続税はかかりません。また、法定相続分を超えた相続財産の取得でも、1億6000万円までは税金がかからないという制度です。

「小規模宅地等の評価減」は、被相続人から相続人が取得した居住用宅地や事業用宅地などについては、宅地の評価が最大80％減額されるという特例です。自宅を持っている方が死亡し、自宅を相続人がもらった場合に、一定の条件を満たしていると土地の評価額が8割下がり、税金は少なくなります。特に東京のように土地が高いところの方はどのように土地を相続するかで税金が全く違ってきます。

例えば、宅地評価額が5000万円の家に父親と子どもが同居していて、父親が亡くなって子どもが土地を相続する場合、宅地の評価額は1000万円となります。5000万円だと基礎控除を超えてしまうけれど、1000万円に下がったら税金がかからなくなります。ただし、この評価減を活用して基礎控除以下になって相続税の負担がない場合でも相続税の申告は必要になります。

相続税を払う人は増えています。相続税の申告を自分でやる方もいますが、複雑ですしいろいろな制度があるので、専門家に任せたほうがいいと思います。被相続人の死後10カ月以内に申告しないと、延滞税がかかりますので遺族は要注意です。

節税対策と相続対策は違う

節税を気にする方は多いですが、節税対策と相続対策は違います。

よくあるケース。ある夫婦が自宅の敷地があいているので、そこにアパートを建ててしまう。アパートの部分に関しては、固定資産税は下がるし、収入も増えるので好都合なわけです。すごくいい話なのですが、子どもが3人います。どう分けますかという問題が生じます。3人の共有にしておいても、誰かが亡くなると、その権利はその方の相続人へと相続されてしまい、修繕などの負担の意思決定が難しくなることも生じます。

かつて私が相談を受けたのは、このようなケースで、3人きょうだいの長男が亡くなった事案です。両親は独身だった長男に全部相続することとして亡くなってしまった。そこで、長女と次女夫婦が住むことにして、長女と次女はふたりの共同所有にしました。その後、独身の長女が結婚し、その夫がこの半分の権利を売ってしまったのです。今は共有されている不動産の持ち分を購入しますという話もよく聞きます。

購入した人からは、妹夫婦に対して所有部分を購入するか、それとも地代家賃を今後支払うかが要求されました。だから、不動産は共有にすべきではありませんし、区分所有にもしないことをおすすめします。私だったら、可能なら物件を当初から分けやすいように2軒にしておくことをアドバイスします。

遺産相続の話の中で節税の話と、遺産をどう分けるのかという話は別ですが、常に表裏一体でもあります。分けるときの話になると、親はこう分けたい、子どもAはこうしてほしい、子どもBはこうしてほしいと、三者三様で皆さん自分の都合で考えるので大変です。

和田先生は「家督制度のメンタリティーが今も続いている」と指摘していましたが、私も実感しています。特に地方では「財産を残すのは長男」という考え方が多いように感じます。話を聞くと、長女は結婚して親の家の近くに住み、普段から介護をしたり、生活全般の世話をしたりしている。東京にいる長男は盆暮れに戻って来るだけ。しかし、長女が散々面倒をみてくれているのに、やっぱり家や土地は長男に譲りたいという親がまだまだ多い。しかも、長男もそれが当たり前だと考えている。「以前からオレは家を継げと言われているし、墓もオレが守る。あいつ（長女）は嫁に行っている。墓をもらう人間が、家ももらうべきだ」と言うんですね。昭和がまだ生きている。今でも東京の感覚と地方の感覚には違いを感じます。

遺産分割協議書と遺言

次は、遺産の話です。相続人が複数いれば遺産を分割しなければなりません。遺産分割に法的な期限はありませんが、税の申告は10カ月以内にしなければなりません。

遺言書がありその内容どおりに遺産分割する場合や、法定相続分通りに遺産分割を行う場合は必要ありませんが、それ以外の方法で遺産分割する時には、相続登記などで遺産分割協議書が必要になる場合があります。

相続人全員が参加して話し合い、遺産分割の方法と相続の割合を決め、相続人全員が合意に達したら、その内容をまとめた遺産分割協議書を作成します。注意しなければいけないのは、相続人の中に認知症の人がいると、遺産分割協議が進まないということです。家族の中に認知症の人がいたら遺言を書いておくことです。

男性より女性のほうが認知症になる割合が高いのが現実です。厚生労働省の統計によると、2022年時点で、認知症の有病率は、80〜84歳で男性15・9％、女性16・9％。85〜89歳では、男性25・2％、女性37・2％となっています。夫婦の場合、妻の方が年下の場合が多いですし、女性は男性より長生きです。さらに、将来認知症になる可能性も高いわけですから、夫は財産をある程度お持ちであれば、比較的元気なうちに、ご自身が認知症になる前に遺言は書いておいてほしいと思います。

特に土地・建物など固定資産がある場合は、相続する固定資産の登記名義を変えなくてはなりません。固定資産の名義を変えようとすると、絶対に遺産分割協議書が必要です。それを避けようとすると遺言が必要なのです。

相続放棄とは、亡くなった人の遺産を相続することを拒否することです。金融資産や不動産など財産を受け取ることはできませんが、負債などのマイナスの財産を引き継がなくてよくなります。相続放棄は、相続の開始を知った日から3カ月以内と期限が定められています。相続放棄をしてしまうと相続にはノータッチです。

こんなケースがありました。両親と3人の子どもの家庭で、母親が急死しました。父親は少し認知症気味です。3人が母親の財産を分ける話をするのですが、時間がかかると父親の認知症が進行する可能性がある。この家庭の場合、父親も相当の財産を持っており、母親の財産を父親に渡してしまうと父の相続時の相続税の負担は確実に増加してしまいます。結局、父親には相続放棄をしてもらい、子供3人でゆっくり遺産分割協議に入りました。

遺言書は書きやすくなっている

主な遺言書には、自筆証書遺言と公正証書遺言があります。

2019年、20年と相続法が改正されて、自筆証書遺言の敷居が低くなりました。2019年の改正では、財産目録を手書きで作成する必要がなくなりました。20年の改正では、法務局における「自筆証書遺言保管制度」が始まりました。つまり法務局が遺言書を預かってくれるようになったのです。国としても「争族」を抑えたいとの姿勢を示しているのですから、皆さんも自分で書いてみるべきです。もし、自分で書くのが不安であれば、費用はかかりますが公証人が作成する「公正証書遺言」という制度もあります。財産の多寡、子どものあるなしにかかわらず、いずれにせよ書いておいた方がいいと考えます。

法務局における「自筆証書遺言保管制度」を使えば、1件3900円で法務局が保管してくれます。1回書いても、遺言書の内容を変えたかったら1700円払うと取り消しができます。そして、新しいものをまた書けばいい。もし遺言書が複数あった場合、日付が後のほうが有効です。ただ、法務局は1通しか保管してくれないので、かつてのテレビドラマのようにどっちが有効かで遺族が争うこともなく安心です。

法務局に預けた遺言書の現物は法務局に保管されると同時に、画像データ化され、全国どこからでも取り出せるようになっています。亡くなった人は東京に住んでいて遺言書を東京の法務局に保管してもらっている。相続人である子どもは転勤で地方にいるという場合でも、東京まで行かなくてよいのです。

今は、あちこちで遺言書の書き方の勉強会が開かれています。私が住んでいる自治体の法務局では相談員さんが毎日いて、予約して相談にいくと添削してくれます。自治体の広報紙にもそのような情報が載っている場合があります。みなさん、一度地元の法務局に行って、遺言の話を聞いてみてはいかがでしょうか。

おひとり様こそ遺言書

特に、おひとり様。独り身の方は遺言書をぜひ書くべきです。例えば、亡くなった場合、誰が遺体処理するのでしょうか。法定後見人はあくまでも生前の財産管理をする人で、死んだ後は関与しません。

おひとり様でも、兄弟姉妹や甥《おい》や姪《めい》に財産をあげるから死後のことを頼むという手はあります。しかし、最近、一人っ子で兄弟姉妹も甥も姪もいない人は増えています。兄弟がいても、どちらも独身だと一方が死んだら同じ状況が起きるのです。

多いのは、60代以上の方で兄弟姉妹が同居しているケースです。それぞれが独身とか離婚して子どもがいないとなると、どちらかが先に死んだ場合、残された方の相続人はいないことになります。亡くなった時、遺体は無縁仏。財産は国に行きます。今、こんな無縁仏が増え続けて、国や自治体の大変な問題になっています。従って、遺言書で、葬儀はこの人に頼みたい、そのために何百万円を置いておくと書いておけば無縁仏にならないですみます。財産が残るようでしたら、全部世話になった施設に寄付するなど、自分の遺志を書いておけばよいと思います。

私の知人で2年前にがんで亡くなった方がいました。余命は3カ月と言われて手術をしたところ寿命が1年延び、その間に自分で死後の準備をし切ったのです。この方は独身だったので、自分でお墓を買い、永代供養料を払いました。兄弟とは親の相続でもめた後、疎遠で財産も残したくないような関係でした。だから、自分の財産の一部を使って、勤めていた会社の同僚で仲の良い信頼できる友人たちに葬式をあげてもらうように手配し、残ったものは全部、恵まれない子どもの施設に寄付する旨、遺言に残して亡くなられました。時間があって、知識もあり、しかも死を意識したから準備ができたのでしょう。

病気になったとしても、誰もがみんなこのような対応ができるとは限りません。「病気になったから遺言を書きなさいよ」と言われるのも嫌なものです。ですから、特におひとり様は、元気なうちに、特に認知症にならないうちに遺言を書くことをおすすめします。

おひとり様にもう一つ知っていただきたいことがあります。実は、遺言できる事項は民法で決まっていて、それ以外のことを書いても法的には拘束力を持ちません。このような法律で定められた事項以外について、信頼できる人に死後の様々な手続きや作業を委嘱する制度として「死後事務委任契約」があります。この契約を公正証書として残すことで、死後の様々な不安が解消されると思います。また、こういった証書があれば、入所したり入院したりする施設も本人死後の医療費清算などの心配がなくなるため、安心して受け入れてくれるでしょう。

法改正に要注意

財産や相続に関する法律はしばしば変わるので要注意です。2015年に相続税法が大幅改正され、施行されました。基礎控除額が、改正前は「5000万円+1000万円×法定相続人の数」が、「3000万円+600万円×法定相続人の数」と、6割に縮小されました。最高税率も55%に引き上げられました。19年には民法の改正で、遺言の財産目録に関してはコピーが可能になり、20年からは法務局保管が始まりました。法律は変わるということをきちんと押さえていないと、準備しても無駄になってしまう場合があります。

最たるものは2024年施行の贈与税改正です。暦年贈与の生前贈与により取得した財産が相続財産に加算される期間が、相続開始前3年以内から7年以内に延長されたのです。つまり、今まで贈与したら「最低3年間長生きしなさいね」だったのが、「7年は長生きしなさいよ」となったのです（相続または遺贈により財産を取得しない孫などは除く）。長生きしてもらうのが目的であればいいのですが、そうではないでしょう。加算期間が延長されたということは相続財産が増えるということと同じで、相続税が増える場合もあるのです。

一方で、生前贈与の「相続時精算課税制度」は贈与された財産の総額が2500万円であれば、贈与税が非課税になる制度です。この制度に110万円の基礎控除が新設されました。110万円以内でこの制度を使えば、相続開始後に相続財産に上乗せされ、相続税の課税対象となることはありません。これは18歳以上の子どもや孫への贈与には使えますが、18歳未満の方には使えないなどの制約があります。法律や制度をしっかり勉強しないと、被相続人が亡くなった時にせっかくの贈与が相続財産に加算されることになりかねないので注意が必要です。こちらもまずは、ファイナンシャル・プランナーや税理士の無料相談会などで聞いてみてはいかがでしょうか。

なお、贈与税に関しては、夫婦間でも財産移転は贈与となります。例えば、夫が認知症になったので、妻が夫の預貯金を自分の名義にして株式などを購入したら「贈与」となり税金がかかってきます。夫の介護や生活に使う金額は扶養の範囲です。**贈与の概念と扶養の概念は別であることは頭に入れておいて下さい。**

年収によって福祉の負担は変わる

もう一つ、公的介護保険で要介護状態になった時の介護サービスの自己負担割合の話をしておきます。

65歳未満の人が世帯に1人の場合と2人以上の場合に分かれますが、いずれも一定以上の所得のある場合は2割、特に所得の高い場合は3割の自己負担となります。医療費の自己負担は、75歳以上の人は1割（現役並み所得者は3割）。現役並みとは住民税が課税される所得額が145万円以上の被保険者です。70〜74歳までの人は2割（現役並み所得者は3割）、70歳未満の者は3割となっています。いずれも、収入が多くなると負担割合が上がります。

かつて高齢者は医療費が無料の時代がありました。1973年から10年間、高齢者の医療費は無料だったのです。その後、老人保健制度が始まり高齢者の医療費の自己負担が始まり、今は後期高齢者医療制度です。高齢者の医療費無料、今は昔です。

収入に応じて社会保険料も払わなければなりません。それが「痛い」という高齢者は多い。老後の収入はうれしいけれど、社会保険料の負担が増えたり、介護施設のサービス利用料が増えたりします。

社会保障制度は、収入が多くなると保険料の負担も増えるうえに、使った時の支払いも増えることは知っておかなくてはならないでしょう。

元気なうちに旅に出よう

最後に高齢者に差しかかった私自身のことをお話ししたいと思います。

和田先生がおっしゃるように「生きているうちに自分のためにお金を使おう」というのは大賛成です。私は今、65歳。夫婦であれば元気なうちに旅行に行くのが一番いいと思い、そして実践しています。

私はありがたいことにまだ現役で仕事をしています。仕事で地方に行くことも多いのですが、そんな時は、1部屋6000円のビジネスホテルです。しかし、妻と旅行する時は1部屋10万円ぐらいの宿に泊まります。

なぜか。妻と元気で旅行できるのは、65歳という自分の年齢を考えると、せいぜいあと10年なのです。「人生100年」といっても、日本人の健康寿命は男性は72歳、女性は81歳です。私の場合、夫婦で75歳を目標に考えると、残り10年しかないのです。1年間に2回旅行に行っても、あと20回しか行けない。若い頃のように『地球の歩き方』を持って、40日間海外を放浪するなんて不可能です。レンタカーを運転して方々回ることができるのも今のうち。20回しかないのであれば、思い出になる旅行をしたい。心地よい旅館とおいしい食事、そして絶景です。そのためにお金をかけます。和田先生は「財産断捨離とは、お金を思い出に変えること」とおっしゃっていますが、まさにそこは通じます。

自営業のいいところは、旅行に行くにしても自分の好きな時期が選べたり、ベストシーズンに行けたりすることです。私は、ある年の春は、立山黒部アルペンルートにある「雪の大谷」へ。見られるのは、4月中旬から6月中旬の2カ月間だけです。ある年の春は、弘前に満開の桜を見に行きました。次の春は、吉野に桜を見に行く計画を立てています。

1年くらい前にいい旅館を予約しました。少し高めですが惜しくありません。

妻を早くに亡くした友人は、自分の両親、妻の両親、娘を連れてのイタリア旅行を計画しました。退職金もある。家も持っているし、年金もそこそこある。今後、ぜいたくな生活をするつもりもないので、両方の親が元気なうちに連れていってあげたいと考えたそうです。飛行機はビジネスクラス、ホテルは五つ星のようなところを予約。締めて700万円。皆が元気なうちだからできたのです。よい財産の使い方だと思います。

旅行は早めに計画するのがいい。計画を立てると、そこまでは元気でいよう、病気になってはいけないと気をつけることにもなります。年をとると、時間は限られていることを意識しなければなりません。

旅行に限らず、コトに消費することは大事だと思います。モノよりコト。親族を招いておいしいものをふるまうパーティーを開くとか、皆でおしゃれしてクラシックコンサートに連れて行ってあげる。そういうおじいちゃん、おばあちゃんのほうが好かれます。

一方で、モノへの消費には気をつけたほうがいいと思います。私の立場からすると、高い骨董《こっとう》品とか絵画は買わない方がいい。骨董品や絵画は相続財産になってしまうので、税金がかかりかねません。逆に、着物などは高価であっても二束三文でしか売れません。母親の思い出があるものだからと捨てるに捨てられないという方は多いのではないでしょうか。そんな時は、シャツやワンピースに仕立て直して着続ける、そんなやりかたもあります。

いずれにしても、和田先生も指摘された「時間切れ」になる前に、人生を十分に楽しみ、そして、もしもに備えて準備する、それもボケる前に。ぜひ、実行していただきたいと思います。

山本 英生【やまもと・ひでお】
税理士、1級ファイナンシャル・プランナー。神戸大学法学部大学院修士課程修了。大手生命保険相互会社入社後、部長職などを歴任後円満退社し、2019年から現職。厚生労働省FP技能検定の検定委員。著書に『相続税法改正でこんなに変わった「そうぞく」の常識』(宝島社)など。

おわりに

私は、この数年で100冊以上の高齢者本を出してきました。老いや認知症に関する誤解が多すぎます。私は長年高齢者医療に携わり、病院の中だけではなく高齢者の生活をみてきた経験から誤解を改めたい、老いや認知症を恐れることなく、楽しく幸せな老後を皆さんに送ってほしいと願ってきたからです。本書も、お金の観点からそれを実現するために社会や高齢者の発想の転換を訴えたのです。

そのような高齢者本を出し続けるとともに、2025年に前期高齢者となる私のさらなる夢は、高齢者に、今を楽しもう、高齢者が世の中を動かしていこうという意欲を持ってもらえるような映画を作ることです。

私は高校2年の時に、藤田敏八監督の映画『赤い鳥逃げた?』を見て衝撃を受けました。映画は、28歳の青年が、弟分とその恋人のブルジョア娘との共同生活の中で、反逆と無頼のうちに過ぎ去った青春への郷愁を断ち切ろうと、自らの屈折した心情を無意味な行動によって暴発させ、自滅していくまでの過程を描いていました。青春真っただ中の私に、「現在」と「未来」を考えさせてくれたことから以降、熱狂的な映画ファンとなり、年間300本もの映画を見るとともに、映画作りに夢を抱くようになりました。実は、医師を志し、東京大学の医学部に進学したのも、映画製作費を効率的に稼げるのではないかという考えがありました。

映画監督としての私のデビュー作は、2008年公開の『受験のシンデレラ』です。大学受験のカリスマ講師が、友人の外科医からがんで余命1年半と宣告されます。偶然出会った少女が数学の才能を秘めていることを見抜き、家庭環境に恵まれず高校を中退した彼女を東大受験へと導くというストーリーです。第5回モナコ国際映画祭で最優秀作品賞をはじめ4冠を獲得しました。私は医師の傍ら受験アドバイザーもやっていたので、受験をテーマに、夢を持ってその実現のため努力することの大切さを描いたのです。

2012年公開の『「わたし」の人生（みち）我が命のタンゴ』では、認知症の父親と彼の娘がアルゼンチンタンゴを通じて家族の絆を再確認する過程を取り上げました。娘は主婦として子育てを終え、念願の大学教授への道を歩み始めようとした矢先に父親が認知症を患っていることが分かります。介護に追われて家族の関係はぎくしゃくしますが、認知症のデイサービスでアルゼンチンタンゴを習い始めた父親に変化が訪れ、娘も再び夢を実現しようと決意します。夢はどんな人でも抱ける、認知症の人から教えられることはたくさんあると伝えたかったのです。

今、高齢者をとりまく環境はより厳しくなり、社会の目も冷たくなっているように感じます。だからこそ、高齢者が今を楽しむ、夢を抱くということの素晴らしさを伝える映画を作りたいと考えているわけです。

2024年の東京都知事選で石丸伸二氏が2位につけたり、衆院選で国民民主党が躍進したり、兵庫県知事選で斎藤元彦氏が再選されたりしたことで、SNS型選挙が注目されました。各政党は、若者の投票行動を大事にしないといけないと学習したとされています。日本経済新聞は2024年12月30日付朝刊1面に、「選挙結果、Z世代が左右『高齢者優遇』見直す好機」という記事を掲載しました。Z世代とは、1990年代半ばから2010年代に生まれ、インターネットやスマートフォンが日常生活で当たり前、不可欠である世代です。記事によると、「最近の衆院選の投票率は60%弱で、20~30歳代は30~40%に過ぎない。高齢者向けの政策が優遇されるシルバー民主主義の土壌とされる」と指摘。右記の選挙では、Z世代が自分の票で政治を動かせる体験を積んだとして、2025年は若者が政治に関心を高め、政治が政策実現に動く好循環を生み出し、高齢者に偏りがちな政治のあり方を見直す契機、と呼びかけていました。

私は本書で述べてきたように、現実に有権者の中で高い割合を占め、投票率の高い高齢者を優遇する政策が進められているとは考えていません。何より、「高齢者対若者」ではなく、全ての世代が幸せな生活を享受できるようにするのが政治の役割です。

そもそも、高齢者は社会のお荷物という考え方が間違っています。確かに、少子高齢社会となり、高齢者を支える現役世代の人数が減り、かつてと比べて少ない人数で高齢者の年金を負担しなければならないという不満、不安が若い世代にはあります。２０２５年、団塊の世代が75歳以上に突入し、国民の４人に１人が75歳以上になります。医療や介護などの社会保障費の増大が懸念され、「２０２５年問題」と称されています。しかし、経済を成長させれば「問題」は明るい方向に進むのではないでしょうか。

私は、為政者や経営者は、経済成長に結びついていない生産性神話から脱して、消費をのばすことに方針転換することが必要だと考えます。人口の3分の1を占める高齢者を消費者とみなし、高齢者のニーズにこたえる商品やサービスを開発する。高齢者も発想を転換して、お金を貯め込むのではなくしっかり使い、欲しいものをアピールする。本書である訴えてきたことは、それが高齢者と若者を分断するのではなく結びつけ、ともに手をとって社会を前進させることになるということです。

シルバー民主主義は、老若男女問わず新しい日本社会を築くことにつながってほしい。超高齢社会が逆行することはないでしょう。何より、高齢者が「問題」扱いされることなく、心豊かで幸せな「今」を送ってほしいと心より願います。本書が、その手がかりとなれば幸いです。いずれ製作する高齢者対象の映画とともに、前期高齢者となる私の社会貢献でもあります。

和田秀樹［わだ・ひでき］

1960年大阪市生まれ。85年東京大学医学部卒。同大学医学部附属病院精神神経科、老人科（現・老年病科）、神経内科で研修。国立水戸病院神経内科および救命救急センターレジデントを経て、当時、日本に3つしかなかった高齢者専門の総合病院・浴風会病院で精神科医として勤務。東京大学医学部附属病院精神神経科助手、米国カール・メニンガー精神医学校国際フェロー、国際医療福祉大学大学院臨床心理学専攻教授を経て現在、和田秀樹こころと体のクリニック院長。一橋大学、東京医科歯科大学で20年以上、医療経済学の非常勤講師も務める。また、東日本大震災以降、原発の廃炉作業を行う職員のメンタルヘルスのボランティアと産業医を現在も続けている。主な著書に、『和田式　老けないテレビの見方、ボケない新聞の読み方～認知症を先送りさせる前頭葉刺激習慣のすすめ』（白秋社）、『70歳が老化の分かれ道』（詩想社新書）、『80歳の壁』『70歳の正解』（いずれも幻冬舎新書）、『シン・老人力』（小学館）など多数。

財産断捨離のすすめ
ボケを遅らせ、争族を防ぐお金の使い方

2025年3月27日 第1刷発行

著　者 ―――― 和田秀樹
発行人 ―――― 高橋 勉
発行所 ―――― 株式会社 白秋社
〒102-0072　東京都千代田区飯田橋4-4-8 朝日ビル
電話03-5357-1701　　https://www.hakusyusya.co.jp
発売元 ―――― 株式会社 星雲社（共同出版社・流通責任出版社）
〒112-0005　東京都文京区水道1-3-30
電話 03-3868-3275 ／ FAX 03-3868-6588
編集協力 ―――― 山田道子
イラスト ―――― 西谷 久　iStock/ema
装丁／本文デザイン ―― 有限会社 北路社
印刷・製本 ―――― モリモト印刷株式会社

ISBN 978-4-434-35264-5